Journal intime
d'un
père indigne

ISBN : 978-2-7540-8983-8
Dépôt légal : octobre 2016

Imprimé en Italie
Mise en page et conception graphique : François Warzala
Illustrations : © Pacco

Éditions First, un département d'Édi8
12, avenue d'Italie
75 013 PARIS – France
Tél. : 01 44 16 09 00
Fax : 01 44 16 09 01
E-mail : firstinfo@efirst.com
Site internet : www.editionsfirst.fr

Journal intime d'un PÈRE INDIGNE

Fred Bear

Illustré par Pacco

Salut, moi, c'est Frédéric, Fredo ou Fred pour les intimes. Je viens d'avoir 32 ans et j'ai déjà 2 mômes en bas âge : Nina, presque 6 ans, une gamine tout mimi qui n'hésite pas à se rouler par terre quand on lui refuse quelque chose. Et Hugo, mon fiston, tout frais, tout né, qui fait la joie de Nina et le bonheur, enfin plutôt, le lever de bonne heure de ses parents.

Ah oui, j'oubliais, je partage ma vie avec Isabelle, enfin Isa, ma belle. On a eu une super vie de couple et maintenant, on va former une super famille... et c'est loin d'être gagné !

Oups, j'ai un pote qui m'appelle, je dois vous laisser, l'amitié n'attend pas ;-). Jetez donc un coup d'œil à mon journal et vous verrez que ce n'est pas toujours facile d'être papa.

21 juin

Pour moi, c'est un grand jour ! Je suis de nouveau papa et c'est un garçon ! Je saute de joie dans les bras de la sage-femme qui se démène avec le cordon ombilical. Elle me demande si je souhaite le couper, je dis : « Qui ? Le bébé ? » Elle me répond : « Non, le cordon ! » Je reprends mes esprits et, sans m'évanouir, libère le petit gigot. La sage-femme le pose contre le ventre chaud d'Isa et moi, bêtement, je repose les ciseaux.

Ma dulcinée retourne la bouillotte échevelée et m'invite à contempler notre fiston : Hugo. 4 kg 350, 53 cm, un beau bébé tout rose qui semble déjà avoir 3 mois. C'est drôle, on dirait un petit cochon. Bon, il ne faut pas que je traîne ici toute la nuit car c'est la Fête de la musique et mes potes m'attendent déjà pour arroser ça...
La soirée va être rock'n'roll !

22 juin

Quelle fiesta ! Je me suis réveillé dans un endroit inconnu aux côtés d'un gros barbu en slip, qui ronfle comme un four. À mon grand soulagement, j'ai dormi tout habillé avec mon cuir, mon jean troué et mes baskets. Je me sens vaseux et sur le point de rendre mes litres de bière frelatée. Je me souviens avoir fini avec mes potes dans un bar où un groupe de jeunots reprenait tous les standards du rock. J'ai même été sur scène, massacrer *Satisfaction*. Ma satisfaction d'être papa pour la seconde fois. Après, trou noir. Aucun souvenir.

Je suis retourné à l'hôpital après un interminable passage à la pharmacie avec une liste longue comme le bras : soutien-gorge d'allaitement taille bibendum, tire-lait électrique, compresses stériles, pommade pour l'érythème fessier, couches ultra absorbantes... Dans un éclair de lucidité, j'ai ajouté, pour moi, une grande boîte de bouchons d'oreilles. Le sommeil, c'est sacré !

23 juin

À la mairie, je déclare Hugo comme une lettre à la Poste. Pour une fois, j'ai tous les papiers, sauf les deuxième et troisième prénoms, auxquels nous n'avons pas réfléchi. Pour Nina, c'était le même oubli, le même acte manqué, elle s'appelle Nina tout court et pour Hugo, ce sera pareil. La préposée à l'état civil me demande si ce prénom est un hommage au célèbre écrivain. Je secoue la tête et ouvre mon gilet à capuche pour lui montrer l'étiquette intérieure.

- Non, Madame, c'est en référence à Hugo Boss, car ça va être un boss, mon fils !

Elle me tend le livret de famille en levant les yeux au ciel. J'imagine que ma réplique à deux balles va rapidement faire le tour des bureaux.

24 juin

Hier soir, j'ai regardé Eraserhead, le premier film de David Lynch, et j'ai cauchemardé toute la nuit. Je revivais la naissance d'Hugo, transformé en une créature baveuse qui me tendait ses bras noueux pour que je le prenne. Je prenais surtout mes jambes à mon cou, bousculant l'obstétricienne à tête de lombric et m'enfuyant du sordide hôpital.

À mon réveil, mes jambes courent encore sous la couette. Je sens bien que je n'ai pas la force d'aller aujourd'hui à la clinique chercher ma petite famille. J'appelle donc mes beaux-parents qui gardent Nina pour qu'ils aillent récupérer Isa et Hugo à ma place.

Je prétexte une gastro-entérite extrêmement contagieuse et belle-maman a une idée de génie : les accueillir chez eux jusqu'à demain. Nina pourrait ainsi voir son petit frère.

J'appelle aussitôt Isa pour la prévenir. J'ai droit à tous les poncifs : que j'ai dû en profiter, manger et boire, n'importe quoi... Dans le fond, elle n'a pas tort. En tout cas, en raccrochant, je crie : « Yes, encore une soirée de gagnée ! ».

25 juin

Rico, Nico et Paulo, mes potos, arrivent à la maison les bras encombrés d'un gros paquet. « Cadeau pour Hugo ! », hurlent-ils en déposant le lourd présent à mes pieds. Je joue les nigauds en ironisant sur tout ce qu'il peut contenir : « C'est pas un body, les gars ? Ni une paire de petits chaussons que vous avez tricotés ? » Mes potes secouent la tête en rythme.

Je déchire le papier rouge fluo et découvre une énorme voiture à pédales, reproduction parfaite d'une Bugatti d'époque. Le jouet idéal pour un môme de 4 ans ! Le mien vient tout juste de naître et le bel engin flambant neuf va prendre une sacrée place dans la petite chambre des enfants.

- Alors, heureux Fredo ?

J'affiche mon plus beau sourire et leur claque la bise. C'est bon d'avoir de vrais amis. Quand, enfin, ils sont partis, après avoir chacun pris place dans le bolide pour des photos-souvenirs, j'allume mon ordinateur et, j'ai honte de le dire, je mets en vente leur cadeau sur un site de petites annonces.

26 juin

Youpi, ils sont tous là ;-(

Papy, Mamie, Isa, Nina et Hugo, emmitouflé dans sa combinaison de cosmonaute malgré la chaleur étouffante. Avec l'expérience, je sais que quand bébé est là, c'est branle-bas de combat.

Isa s'affale lourdement dans le canapé tandis que Mamie déshabille Hugo sous le regard attendri de Papy.
Nina file dans sa chambre retrouver ses jouets. Je leur demande s'ils veulent boire quelque chose. Isa me fusille du regard.

- Tu as vu l'heure, Fred ? Le seul qui a soif ici, c'est ton fils !

Sur ces mots, Mamie le dépose au creux de sa maman et Hugo prend sa dose de lactose. Je sens que ma présence dans le salon n'est pas nécessaire, je vais donc voir Nina.

Elle est assise sur son lit et chantonne « Je t'aime, un peu, beaucoup, à la folie, pas du tout » en arrachant un à un les cheveux de sa poupée. J'imagine déjà la même scène avec son petit frère dans les bras. Avec Isa, on a vraiment de quoi s'en faire... des cheveux.

27 juin

Ça fait déjà une semaine qu'Hugo est né et je suis mort de fatigue. J'ai beau faire mine de dormir quand Isa se lève, j'ai sacrément du mal à me rendormir, même avec mes bouchons d'oreille. Je redoute le moment où elle va arrêter l'allaitement, car ça va être à Bibi de se lever la nuit pour le biberon. Je sens que je vais en préparer d'avance et, surtout, charger discrètement le dernier du soir avec de la farine 1er âge, histoire qu'Hugo dorme jusqu'au petit matin. Heureusement qu'entre papas, on se refile des tas de trucs pour préserver notre santé !

28 juin

Aujourd'hui, c'est mission éosine, pour nettoyer et dessécher le reste de cordon de mon astronaute. Pour mon plus grand bonheur, une jolie préparatrice remplace sa rigide patronne à la pharmacie. J'entre donc passer commande avec mon sourire enjôleur.

- C'est pour vous ou pour un bébé ? me demande-t-elle naïvement.
- C'est pour moi, bébé ! je lui réponds avec ma voix de crooner, avant de me reprendre, honteux d'avoir entamé cette minable drague de comptoir.

Ses joues prennent la couleur de l'éosine et elle s'éclipse dans la remise chercher mon produit. Je suis désormais grillé dans cette pharmacie et pas près d'y remettre les pieds.

29 juin

« And I've got the blues... for you... »

La voix de Mick Jagger n'arrive pas à couvrir les sanglots longs d'Isa qui pleurniche sur mon épaule. Elle est en plein baby blues. J'ai beau essayer de la consoler, de lui dire que la vie est belle, que nous avons deux beaux enfants, rien n'y fait. Elle se sent inutile, incapable, mal dans sa peau, dans sa tête, en pleine dépression post-natale. Je monte le son et commence un slow langoureux avec elle. Les Rolling Stones roulent pépères sur la platine.

« I'm gonna tear my hair out just for you »
« Je vais m'arracher les cheveux juste pour toi », chante Mick, comme s'il avait deviné que c'est une habitude dans cette maison. Soudain, Nina entre en furie dans le salon.

- Avec votre musique trop nulle, vous avez réveillé Hugo !

Effectivement, Hugo, question décibels, affole le compteur Jagger. Isa, épuisée, part s'isoler dans la chambre en me piquant mes bouchons d'oreille. Je vais chercher mon petit rockeur et l'invite à son premier concert de salon. Dans mes bras, il s'endort au rythme des riffs endiablés. Je découvre alors que le rock adoucit les râleurs.

1er juillet

C'est dingue comme ça coûte cher un bébé ! J'ai lu que, selon les estimations de la CAF, hors frais de garde, le budget pour un nouveau-né s'élève à environ 380 € par mois. Ça en fait des restos, des concerts, des week-ends en amoureux qui vont sauter et être remplacés par du lait en poudre, des couches et des vêtements trop petits !

Heureusement qu'on a gardé tout le matériel de Nina : poussette avec cosy et ombrelle intégrée, baignoire antidérapante, table à langer sécurisée...

En revanche, question habillement, après les body unisexe et les pyjamas à rayures, on va devoir investir dans des fringues de garçon. C'est encore la période des vide-greniers et Isa n'a pas son pareil pour dénicher des trésors à des prix incroyables. Encore me faut-il la convaincre d'acheter pour Hugo des habits de seconde main.

2 juillet

Isa va mieux et c'est tant mieux, car je dois aller bosser. J'ai l'interview d'une starlette à réaliser pour *Factuel*, l'un des journaux pour lequel je fais des piges. J'ai réussi, prétextant ma paternité, à décaler d'une semaine la rencontre avec Moona, la star au regard lunaire.

Nous passons toute la journée et une bonne partie de la soirée à discuter, en tout bien tout honneur, de son parcours, de ses envies, de ses chagrins d'amour. Mon portable en mode dictaphone enregistre toute notre conversation.

Elle se confie, me parle de son désir d'être maman, je lui dis avec un léger trémolo dans la voix que c'est la plus belle aventure de la vie. Moona est sous le charme et moi dans la lune, quand soudain elle me susurre : « Tu es trop craquant, quand tu me dis ça ! ».

Cette phrase a sur moi, le vieux dinosaure, plus d'impact qu'une météorite tombant sur Terre au Crétacé. Je me promets d'effacer au plus vite cette déclaration de mon portable afin d'éviter l'extinction de mon couple. Quand je rentre tard à la maison,

...

Isa m'attend dans la pénombre avec Hugo, scotché à un biberon.

- J'ai des crevasses, m'avoue-t-elle, c'est super douloureux, j'ai arrêté la tétée !

À cette annonce, je me fissure : c'en est fini, pour moi, de lézarder au lit.

3 juillet

Qui a dit que les nouveau-nés pouvaient dormir jusqu'à 20 heures par jour ? C'est du grand n'importe quoi, ou alors, avec Isa, on a créé sans le savoir un mutant hyperactif, venu sur Terre pour déglinguer nos horloges biologiques.

Hugo dort peu et ne fait évidemment pas ses nuits, malgré mon subtil dosage du biberon du soir. Quand je regarde ma tête dans le miroir, je vois mon père, quand je regarde celle d'Isa, je vois sa mère. Bref, on a besoin de repos pour éviter de vieillir prématurément.

On a donc repris goût à la sieste. Le problème, c'est que je n'avance pas dans l'écriture de mon article élogieux sur la divine Moona, car j'ai la tête embrumée à chaque réveil.

Dans sa gigoteuse, Hugo gigote. Les yeux écarquillés, la pupille dilatée, ce môme semble constamment en veille. Il va falloir que je vérifie ce qu'ils mettent comme poudre dans leur farine 1er âge.

5 juillet

Nina est officiellement en vacances, mais, contrairement à bon nombre de ses copines, elle va passer le mois de juillet au centre aéré. Quand elle rentre de sa journée, Isa et moi tremblons à l'idée qu'elle ne veuille plus y retourner et nous fasse encore une crise dont elle a le secret.

Genre : je me roule par terre en tapant des pieds et en tournant sur moi-même comme les danseurs de hip-hop. Dans ces moments-là, pas facile d'arrêter la toupie ! À notre grand soulagement, elle s'est amusée et porte encore quelques traces de maquillage sur les joues et les lèvres.

- J'ai un nouvel amoureux, nous dit-elle, il s'appelle Kévin, et il est trop beau !
- Plus beau que ton petit frère ?
- Bah oui, c'est un prince charmant lui, il n'a pas une tête de crapaud !

À ces mots, Hugo rote ou coasse selon les versions, et Nina s'en va, comme la Belle au bois dormant, dans sa chambrée. Nous respirons un grand coup et regardons Hugo de plus près, lui cherchant une vague ressemblance avec un amphibien. Comme les enfants peuvent être méchants entre eux !

8 juillet

L'été, ce n'est pas la meilleure période pour trouver une nourrice, mais on n'a pas trop le choix car Isa reprend son boulot d'institutrice de maternelle début octobre. Et moi, honnêtement, il est hors de question que je garde Hugo à la maison.

On épluche les petites annonces des gratuits, des boulangeries, on surfe des heures sur les sites spécialisés, on demande à tous nos amis, on quémande une place en crèche à la mairie, on appelle 1 001 assistantes maternelles, on envisage la garde partagée, mais, au final, nada. Nous sommes complètement déprimés.

Je fais donc le tour des squares à la recherche de la perle rare. je discute sans succès avec des mamas très Antilles qui gardent des ribambelles d'enfants, je parlemente en vain avec des dames en djellabas qui surveillent d'un œil à peine voilé les enfants, je parle même anglais avec des jeunes filles au pair. Bref, ma virée au square est un échec cuisant. En rentrant, dépité, je croise Maria, notre gardienne d'immeuble. Vu ma tête éplorée, elle veut en savoir plus.

...

- Des chouchiches, monchieur Frédériche ?
- Oui, on cherche une nounou pour Hugo et c'est une vraie galère !
- Mais moi, cheu peux le garder votre petiche chéri ! Voyez avec madame Ichabelle et dites-moi avant que je parte en vacanches au pays.

Et dire que la solution était en bas de chez nous ! Maintenant, je dois convaincre Isa que notre Hugo va être gardé dans une loge de la taille d'une affiche 4x3, où cohabitent déjà cinq personnes. Sous mes arguments en béton, Isa cède (ou plutôt concède) qu'en attendant mieux, Hugo ira à la rentrée dans cette gentille famille portugaise.

16 juillet

En regardant mon ventre dans le miroir, je découvre que la couvade des papas n'est pas une légende : j'ai un gros bide ! Sur les côtés, des poignées d'amour débordent de mon caleçon ! Ça m'incite à reprendre le sport illico. Je propose donc à Nina de faire un tour de rollers. Elle accepte en poussant de grands cris. Isa souhaite plutôt se reposer et ne pas nous retarder avec Hugo dans la poussette. Ouf ! En revanche, elle est inflexible quant à la sécurité de Nina sur les patins et exige que je la carapace comme une tortue ninja.

Avec la chaleur de cette mi-juillet, Nina va fondre comme glace au soleil. Casque, genouillères, coudières, gants, pour elle, rien pour papa, en short et polo, le bel exemple. Nina pique une crise dans l'ascenseur, car elle veut patiner comme moi.

Je dis « Non » au 3e étage, « N'insiste pas » au second, « On verra » au premier et « Tu as gagné » au rez-de-chaussée. Résultat, je dépose tout l'équipement dans notre grosse boîte à lettres et nous patinons, libres comme l'air, insouciants comme des enfants, jusqu'à ce que Nina chute et se casse le poignet.

17 juillet

Super la journée d'hier ! Nina qui hurle comme un veau, direct hosto, et puis radio. Après 4 heures d'attente, avec tous les gogos qui geignent bobo, Nina ressort toute fière avec son plâtre au poignet. J'ai prévenu Isa de ce stupide accident et elle ne comprend toujours pas comment Nina a bien pu se blesser. J'argumente sur la piètre qualité des équipements de protection, fabriqués dans des pays où les enfants, les pauvres, n'ont même pas de routes pour faire du roller. Comme nous sommes dimanche, Isa n'aura pas la mauvaise idée d'aller ramasser le courrier et découvrir l'impensable.

Je passe un pacte avec Nina en lui demandant de garder le secret. Elle promet. Quand nous rentrons, Isa prend Nina dans ses bras, l'embrasse et lui demande de tout lui raconter. Nina dit juste que si elle avait eu ses gants, elle aurait eu moins mal ! Les bras m'en tombent. On ne peut pas faire confiance aux enfants.

C'EST À CAUSE DE PAPA !

18 juillet

Nina rentre du centre aéré avec son plâtre recouvert de dessins au feutre. Quand Isa va voir ça, à son retour de la visite du 1er mois chez la pédiatre, elle va sauter au plafond. Moi, je trouve ça plutôt marrant, ces petits tatouages de convalescence. Il y a des fleurs, des cœurs et les signatures improbables de toutes ses copines. Seule ombre au tableau, le prénom de Kévin est barbouillé de feutre noir. Ça doit être fini entre eux. Le plâtre immaculé d'avant-hier est déjà en piteux état et je ne me vois pas retourner à l'hosto pour le rafistoler. Nina doit le garder jusqu'à la rentrée et passer toutes ses vacances avec.

- Ça me gratte trop, Papa !

Moi qui ai eu des plâtres, je sais que les démangeaisons sont infernales, mais j'ai trouvé une technique imparable ! Non pas l'aiguille à tricoter qui arrache la peau, mais le fameux stylo Bic ! Je vais de ce pas en prendre un à mon bureau et reviens avec ma baguette magique. Je glisse le stylo sous le plâtre de Nina et l'invite à se gratter. Elle pousse le stylo trop loin et le capuchon reste coincé. Impossible de l'extirper.

...

Je passe donc ma soirée avec Nina aux urgences, ravie d'en ressortir avec un plâtre tout blanc, tout frais. En rentrant, Nina vend de nouveau la mèche, ça la démangeait trop de voir son papa se prendre une plâtrée de reproches par sa maman. C'est cruel, les enfants.

JE SUIS
CAPRICIEUSE,
PÉNIBLE,
FATIGANTE,
MAIS TELLEMENT
CRAQUANTE...
QUI SUIS-JE ?

RÉPONSE :
ISANINA.

1er août

Nous sommes enfin en vacances et arrivons, après des heures d'embouteillages, à la montagne. On a passé toute la route à jouer aux devinettes et à écouter « *Les Fabulettes* ». Quelle prise de tête ! Et pour couronner le tout, Hugo a vomi dans les derniers virages. Ça nous donne déjà un avant-goût de nos futures escapades en voiture.

Plutôt que de m'arrêter sur les injonctions d'Isa, j'ai avalé les derniers kilomètres, toutes fenêtres ouvertes, ainsi que de grandes goulées d'air. Quand mes beaux-parents, que je vais me coltiner tout l'été, nous voient sortir de la voiture, avec nos coupes de cheveux au vent mauvais, ils ont la bonne idée de ne pas nous demander si nous avons fait bonne route.

La seule consolation, c'est que je vais tout faire pour me défiler et leur confier la garde d'Hugo et de Nina pendant que je m'octroierai un peu de temps pour moi. J'ai vu que la station proposait du parapente, du VTT, du canyoning, du rafting, bref, je vais m'éclater !

7 août

Ça fait déjà une semaine qu'on est en vacances et Isa n'arrive pas à décompresser, ni à se décharger sur ses parents, qui n'attendent que ça. Elle est toujours au taquet, aux aguets comme un suricate. On n'arrête pas de se prendre la tête pour un oui ou pour un gnon. Gnons qu'Hugo s'amuse à lui donner copieusement dès qu'elle le prend dans les bras.

Je lui propose une balade tous les deux, en amoureux, dans les pâturages. Mais Isa n'a pas goût à la transhumance. Je la laisse donc brouter sa mauvaise humeur et ronfler toute la journée comme une marmotte.

J'en profite pour emmener Nina en observer de vraies, dans la vallée. Quand nous faisons une pause sur un rocher pour prendre un gouter, nous avons la chance inouïe d'en voir une s'approcher. La marmotte a senti les biscuits de Nina et veut naturellement s'en gaver.

J'encourage Nina à tendre son gâteau avec sa main valide et la marmotte s'avance prudemment, de peur de se prendre un coup de plâtre au passage. Avec une délicatesse infinie, je sors mon portable et filme la scène.

...

Scène inoubliable où Nina se fait mordre le doigt par la gloutonne. Autant dire que j'efface immédiatement la preuve et demande à Nina de sucer son pouce abîmé.

À notre retour, elle a toujours le pouce dans la bouche et fait son gros bébé. Elle s'empresse de tout raconter et j'ai droit aux félicitations du jury. Pour Isa, Nina a maintenant la rage et il faut l'emmener sans plus tarder aux urgences.

J'obéis comme un chienchien, et j'ai vraiment la rage quand le médecin du coin éclate de rire en apprenant qu'il existe des marmottes enragées dans la région. Son humour n'étant pas contagieux, je ronge mon frein en le regardant poser un joli pansement rose sur le pouce de Nina. C'est incroyable, elle n'a déjà plus mal.

10 août

Les vacances, ça permet de prendre du recul sur soi-même, de faire le point et de mesurer le parcours effectué. En regardant les sommets majestueux qui m'entourent, j'ai un gros coup de mou. Je me demande ce qui m'a pris de faire un deuxième enfant, alors qu'avec Isa, on commençait tout juste à sortir du tunnel et à retrouver une vie à peu près normale.

Honnêtement, je n'ai rien contre les enfants mais je ne veux pas trop m'en occuper, un peu comme un chat ou un chien à la maison. Je suis toujours partant pour jouer avec eux, leur apprendre quelques bêtises, mais très peu pour le bain, le change et la becquée.

Isa, en tant qu'institutrice maternelle supportait déjà une meute de gamins surexcités, et elle voulait encore charger la barque avec un nouveau marmot à la maison. Pour moi, c'était du masochisme !

Elle m'a convaincu, le jour où elle m'a promis qu'elle assurerait le quotidien et que le seul changement serait que nous ne serions plus un couple avec enfant, mais une famille. Quand je la vois aujourd'hui, en plein burn-out, je me dis que j'ai été une grosse burne d'accepter.

13 août

Hier soir, au coucher, j'ai eu la bonne idée de raconter l'histoire du Dahu à Nina. Elle ne connaissait pas cet animal sauvage aux deux pattes latérales plus courtes que les deux autres qui lui permettaient de bien se tenir dans les pentes montagneuses. Je lui ai proposé de partir le lendemain à sa recherche. Elle était tellement excitée qu'elle m'a réveillé à 7 heures tapantes pour surprendre la bête à son petit déjeuner.

Résultat, il est 7 heures et demie, nous avons les pieds trempés par la rosée des alpages et entamons l'ascension des sommets. Nina est à l'affût du Dahu. Quand elle est devant moi, je pousse des cris de bouquetin en rut, rien que pour lui faire gober mon histoire. Nina court comme une folle. À tel point, qu'à un moment, je la perds de vue. Je l'appelle, en vain. Nina a disparu.

À 8h23, je téléphone à Isa pour lui annoncer la mauvaise nouvelle. À 8h30, les gendarmes de haute montagne sont mobilisés, à 8h32, Nina réapparaît à mes côtés en pestant contre moi qui l'empêche de faire pipi tranquille dans les fourrés. Sa réplique me coupe les jambes façon Dahu. Et je ne coupe pas non plus au sermon des gendarmes. Maintenant, qu'on ne vienne plus me parler du Dahu !

14 août

Aujourd'hui, c'est l'anniversaire d'Isa. Et avec les événements d'hier, j'ai oublié de lui acheter un cadeau. Heureusement, il y a le marché dominical. J'embarque donc les enfants pour permettre à Isa de faire la grasse mat'.

Dans les allées, les produits régionaux exhalent leurs plus belles odeurs et Nina veut goûter à tout : les fromages, la charcuterie, les bonbons au Génépi. Soudain, je vois un étal couvert d'objets artisanaux locaux. C'est parfait pour Isa et son goût de l'authentique. J'hésite entre des sabots qui n'ont pas l'air très confortables et un drôle de récipient circulaire en bois avec des orifices tout autour.

- C'est quoi donc ? je demande.
- Une grolle ! me répond le marchand, c'est la coupe de l'amitié ! On y mélange du café et de l'eau-de-vie, et on se le partage dans les grandes occasions !

Isa va adorer. J'achète donc la grolle et demande à Nina de garder le secret. Elle vend pourtant la mèche, au moment où Isa, intriguée par le paquet difforme, s'apprête à l'ouvrir.

...

- Maman, Papa, il t'a acheté des grolles !
- Ça m'étonnerait, il ne connaît pas ma pointure !

Quand elle sort l'objet montagnard non identifié, elle perd le sourire.

- Ni mes goûts d'ailleurs !

15 août

Déjà deux semaines de vacances... Et j'ai déjà envie de rentrer à la maison ! Ras le bol de la montagne.
Avec Isa, j'atteins des sommets d'incompréhension.
Quant aux enfants, je rêve qu'un aigle royal les emporte au loin, dans ses serres.
Seuls mes beaux-parents sont aux petits soins avec moi, compréhensifs, bienveillants. Ah, s'ils pouvaient reprendre leur fille !

19 août

On passe la dernière soirée de nos vacances avec mes beaux-parents dans un restaurant des alpages. Au menu : raclette, charcuterie, vins blancs du cru, bref que du léger pour un mois d'août. On est bien loin du régime méditerranéen qu'Isa veut à tout prix commencer. Après la naissance d'Hugo, elle a seulement perdu 8 kg sur les 12 emmagasinés. Moi, avec mes sorties VTT, j'ai fondu et retrouvé, pendant ces congés, mon corps d'éphèbe.

On trinque sans euphorie, on mange sans appétit et seul Papy regrette qu'Isa n'ait pas pris sa grolle pour arroser la fin de repas. Isa ne se sent pas bien, le mélange savoyard lui pèse sur l'estomac. Je propose donc aux beaux-parents de la raccompagner avec Hugo, tandis que je m'occupe de régler la note et de ramener Nina.

Elle a trouvé un petit copain à une autre tablée et s'amuse comme une folle avec les piques à fondue. Elle utilise son plâtre comme bouclier, au grand dam de son chevalier qui peine à la toucher. Je ne veux pas gâcher sa joie. Au comptoir, le patron me chambre quand je lui présente ma carte bancaire.

...

- C'est donc vous le Dahu ! me dit-il en rigolant.

Je compose mon code à la va-vite et rentre la tête dans les épaules.

- Ici, on vous appelle aussi la Marmotte enragée ! Allez, c'est de l'humour, tenez, voici une petite liqueur pour digérer.

La couleur verte aurait dû mettre mes avertisseurs au rouge. Son breuvage aux plantes de montagne doit contenir de l'absinthe, car j'ai rapidement une grande absence. Clou de la soirée, je rentre en titubant, oubliant Nina à la table d'à côté.

20 août

D'accord, j'ai oublié Nina dans un restaurant de fromages, mais ce n'est pas si grave, ce n'est pas comme si j'avais oublié Hugo, en plein soleil, dans la caisse. J'aurais dû garder cette remarque pour moi, car Isa m'a désormais interdit de prendre tout seul Hugo en voiture. En fait, ce n'est pas si mal comme combine pour se décharger. Il faut que j'en teste d'autres.

21 août

Ah... quel plaisir de se retrouver chez soi ! Les vacances en famille, ça va un temps. Notre boîte aux lettres regorge de cartes postales de copains qui se sont éclatés comme des fous sous un soleil de plomb. Moi, j'ai l'impression d'avoir plombé mes congés et j'envie Rico, Paulo et Nico qui sont partis festoyer à Ibiza. Leur carte exhibant le généreux fessier d'une nana en string vaut tous les discours. Ils vont avoir plein de trucs à me raconter, les veinards.

Isa a reçu une carte d'une collègue qui a passé un excellent séjour en famille dans un camping 4 étoiles avec piscine à vagues, courts de tennis, garderie et animations. J'ai le malheur de dire que c'est une sacrée bonne idée, la garderie bébé. Énervée, Isa me répond du tac-au-tac que la meilleure serait qu'on passe dorénavant nos vacances séparément.

J'ai envie de me pincer pour être sûr de ne pas rêver. Je m'imagine déjà l'été prochain, avec mes copains, sur les plages de Pattaya. En tout cas, sa remarque n'est pas tombée dans l'oreille d'un sourd et j'ai maintenant un an pour passer à l'attaque et mener à bien ce projet.

1er septembre

Nina a été déplâtrée, pile-poil avant sa rentrée au CP. Elle a toujours un petit peu mal au poignet, mais elle peut, sans problème, tenir son stylo. En sortant de l'hôpital, je lui ai promis de lui en acheter un beau, à 4 couleurs, mais madame a piqué une crise dans la papeterie. Elle ne veut pas en entendre parler depuis sa mésaventure avec le capuchon du Bic.

Au final, nous sommes ressortis avec une trousse rose à l'effigie de Barbie, contenant carnet, stylos, gomme, crayons à papier et mini réglette à paillettes. Isa ne voudra jamais que Nina apporte ça à l'école. On est bon pour racheter toutes les fournitures. Je me suis fait avoir comme un bleu.

2 septembre

Nina nous a seriné toutes les vacances avec la rentrée des classes, mais ce matin, elle ne veut pas y aller. La raison est simple : elle ne veut pas du cartable à roulettes qu'Isa lui a gentiment imposé pour son entrée en primaire.

Nina veut un sac à bretelles comme toutes les ados du quartier. Le diktat de la mode commence très tôt, de nos jours. L'heure tourne et Nina s'est enfermée dans les toilettes. Isa a beau lui ordonner de sortir, la petite peste tient le siège et n'est pas prête à faire tourner le verrou.

Je lui promets à 8 h 20 de lui prêter mon sac à dos, sous le regard intransigeant d'Isa. La seconde d'après, Nina sort tête haute et je l'accompagne aux portes de l'école. Toutes ses copines sont ébahies et jalouses de la voir avec un sac ado branché.

J'imagine déjà la scène qu'elles vont faire à leurs parents à leur retour de l'école. Chacun son tour ! Je ris dans ma barbe de 3 jours, tout en me disant qu'il va quand même falloir qu'elle me rende mon sac.

3 septembre

Avec la rentrée, on a complètement oublié de faire les faire-part de naissance pour Hugo. Comme on n'a pas trop d'idée, de temps et d'argent à y consacrer (ni vraiment l'envie d'ailleurs...), Isa me demande de m'en occuper.

Pour annoncer la naissance de Nina, j'avais incrusté sur Photoshop sa bouille qui sortait d'une rose avec un texte bien trouvé : « Je suis née dans une rose et je suis trop chou ! ». J'étais fier de mon montage et de mon message, Isa trouvait ça con-con, mais bon, les faire-part furent envoyés et tout le monde avait trouvé ça mignon.

Vu qu'il faut faire vite, je n'ai pas été chercher bien loin l'inspiration et je crée la version garçon avec la photo d'Hugo qui sort d'un chou, et un message tout aussi bien tourné : « Je suis né dans un chou et je suis tout rose ». Quand je montre mon chef-d'œuvre à Isa, elle me dit simplement que c'est toujours aussi con-con. Elle n'a vraiment aucun goût !

4 septembre

Je ne comprends pas pourquoi au goûter, Nina est aussi câline avec moi. Toujours fourrée dans mes pattes, comme si elle avait quelque chose à me demander, genre tablette de jeux comme ont toutes ses copines. Isa ne veut pas qu'on lui offre une. Nina est suffisamment gâtée comme ça. Point final. Dommage, car je trouve ça plutôt bien ces petits jeux pour les gamins, et surtout ça les occupe toute la journée. Nina se plante devant moi et me propose de jouer à un jeu qu'elle a appris au centre aéré.

- Mais, tu ne triches pas papa, hein ? Tu promets !

Elle me pince le menton, je lui pince le sien. Nous sommes prêts à nous défier comme deux boxeurs en conférence de presse. Elle fredonne la comptine, le visage fermé.

- Je te tiens par la barbichette, le premier de nous deux qui rira aura une... tablette !

Nina éclate de rire la première et remporte la mise. Elle m'a bien eu la chipie.

- D'accord, lui dis-je, tu as gagné, petite gourmande, tu vas l'avoir ta tablette... de chocolat !

7 septembre

Le bain de bébé, c'est tout un programme et beaucoup de papas s'en font toute une montagne. Il suffit juste d'avoir quatre bras, deux têtes, deux paires d'yeux et, surtout, de bons réflexes. Isa m'a confié cette lourde responsabilité, le temps d'aller prendre un verre avec ses copines. Je déshabille Hugo et lui retire sa couche garnie. Un bon bain lui fera le plus grand bien.

Je le plonge dans la mini-baignoire et au contact de l'eau, le cochon se redresse brusquement comme s'il venait de prendre une décharge électrique. J'abrège donc la balnéothérapie et l'enveloppe dans une serviette éponge, direction la table à langer.

J'attrape un body tout en maintenant Hugo d'une main. Je sens alors une chaleur m'envahir. Je baisse les yeux et découvre le Manneken-Pis en pleine action. Hugo est en train de m'arroser copieusement.

Tant pis pour lui, je ne vais pas tout recommencer. Je l'essuie rapidement, lui mets sa couche, son body, son pyjama et ouste, au lit. Je m'ouvre une bière et me demande si c'est ça, être un père indigne.

8 septembre

J'ouvre le dictionnaire pour vérifier la définition d'indigne et, plus précisément, de « père indigne ». Je lis, à mon grand étonnement, que je ne suis pas digne de ma fonction, de mon rôle, en raison de la façon dont je m'en acquitte. En gros, je n'assure pas un crayon ! Je trouve ça indigne !

12 septembre

Nina revient enchantée de l'école ! La raison : en jouant à bisous-bisou à la récré avec Milo, son nouveau prince charmant, elle est tombée, tout comme sa première dent de lait. Nina a le nez tout égratigné et nous montre fièrement sa petite quenotte. Sans son incisive, son sourire de princesse en a aussi pris un coup.

- C'est chouette ! lui dit Isa, ce soir, la petite souris va passer et elle va te laisser un petit sou en échange de ta dent !
- F'ai horreur des fous ! Fe feux des bonbons !
- Écoute Nina, la petite souris est la dentiste des enfants et ça m'étonnerait qu'elle t'apporte des bonbons !
- Tu as envie de retourner soigner tes caries chez madame Adam ? j'ajoute, en me remémorant la scène d'hystérie dans son cabinet.

Ma réplique lui cloue le bec et Nina jette, mauvaise, sa dent dans le salon ! Le charme est rompu et nous passons un bon quart d'heure à chercher la quenotte entre les lattes du parquet.

...

Dans la nuit, nous allons, complices, subtiliser la dent de la princesse et déposer en échange un petit bonbon. Pour nous dédouaner, Isa et moi prétextons ne pas avoir de petite monnaie.

Quand je place le bonbon coupable sous l'oreiller, Hugo ne trouve rien de mieux que de beugler comme un veau. Nina se redresse et nous surprend autour d'elle. Elle retourne d'un geste vif son oreiller et constate avec joie que la petite souris est passée. Nina déballe son bonbon et l'avale aussi sec sous nos yeux interdits.

- Fou avez fu, la petite fouris, elle écoute les enfants, elle !

17 septembre

Vu la chaleur, j'ai emmené Nina à la piscine en plein air, le lieu idéal pour se détendre. Évidemment, nous ne sommes pas les seuls à avoir eu cette idée, et c'est infernal. Le moindre carré d'herbe est squatté par des familles envahissantes et les différents bains n'ont rien de rafraîchissant, avec tous les mômes qui s'y soulagent librement.

Avec ses lunettes de piscine rose, Nina plonge entre les enfants qui s'ébattent dans le grand bain à mes côtés. Comme elle ne sait pas encore nager, je dois la rattraper au vol. Elle enchaîne les sauts de carpe et moi, je tente, en gesticulant, de me maintenir à flot.

Soudain, une jolie nageuse vient s'excuser de m'avoir percuté. Je lui souris en retour, en détaillant ses atouts. Distrait par cette rencontre, je loupe l'énième saut de Nina qui rate mes bras sauveurs et s'enfonce dans les profondeurs.

Elle remonte suffocante à la surface et s'agrippe à la bretelle du soutien-gorge pistache de la nageuse comme à une bouée de sauvetage. Je nage vers ma fille, confus, tandis que la sirène tente de couvrir ce sein que je ne saurais voir.

...

Je prends Nina dans mes bras et la tire hors du bassin. La nageuse, outragée d'avoir été dénudée, prend un malin plaisir à me voir sortir de l'eau comme un baleineau échoué sur une plage. Je roule près de Nina et la serre contre moi. Elle balance ses lunettes dans l'eau et me lance un reproche vraiment indigne.

- T'es nul papa ! On ne peut pas compter sur toi !

21 septembre

Pour les 3 mois d'Hugo, on a invité nos copains à la maison. Une petite fête de rentrée, c'est toujours bon à prendre ! Les copines d'Isa font gouzi-gouzi avec Hugo et moi ouzo-ouzo avec Nico, Rico et Paulo. L'ambiance est super sympa, jusqu'au moment où ils me demandent où se trouve la fameuse auto de mon petiot. Je m'étouffe avec mon apéro.

La belle Bugatti que j'ai bradée sur un site de petites annonces a été achetée dès le lendemain. Isa hausse les épaules et les regards soupçonneux de mes alter egos se tournent vers moi. Je bredouille que je l'ai entreposée chez mes parents car ils ont plus de place que nous, et que ça motiverait Hugo à aller passer des vacances chez eux.

- Qu'est-ce que tu racontes ? me coupe Isa, c'est quoi cette histoire de voiture ?

Je fais semblant de ne pas entendre et promets aux copains de la ramener pour faire de nouvelles photos délirantes à son bord. Eh bien, ils ont accepté ! De vrais gamins !

Résultat : le soir même je surfe sur Internet pour essayer de trouver la copie parfaite de cette maudite voiture à pédales. En vain !

26 septembre

Ça y est ! J'ai enfin retrouvé la Bugatti à pédales dans un magasin spécialisé et ça m'a coûté un bras. Mes copains ne se sont pas foutus de moi. Isa me demande pourquoi je ne l'ai pas laissé chez mes parents. Elle ne veut pas de cette horreur, ni dans la chambre, ni dans le salon, ni nulle part ailleurs. Je descends donc à la cave entreposer ce bijou mécanique pour des jours meilleurs. Décidément, avec cette bagnole, je suis perdant sur toute la ligne.

3 octobre

Le jour de la séparation est enfin arrivé, au grand dam d'Isa qui doit abandonner pour la première fois Hugo chez Maria, notre nounou d'en bas. Elle m'a mis Hugo dans les pattes le temps qu'elle fasse sa pré-rentrée. Elle va retrouver son école, sa classe, ses nouvelles collègues, et je sais déjà qu'elle va revenir ce soir avec le moral dans les chaussettes.

Je profite de son absence pour descendre Hugo chez Maria, pour qu'il s'acclimate lui aussi au nouvel espace. Maria est aux anges d'avoir le « petiche bébèche un peu en avanche ». Hugo n'a pas l'air d'être trop dépaysé et est déjà dans les bras câlins de sa nourrice.

Je file rejoindre Nico qui a déniché un nouveau disquaire aux bacs garnis de pépites. J'achète une fortune le célèbre album des Stones *Their Satanic Majesties Request* avec l'hologramme psychédélique en 3D sur la pochette. Quand on aime, on ne compte pas !

D'ailleurs, à propos de comptes, il faut vite que je remette les miens à flots surtout avec le coût de la nounou. Quand je vais récu-

...

pérer Hugo, la loge est fermée et Maria aux abonnées absentes. Soudain, je l'entends descendre les escaliers, mais sans Hugo dans les bras.

- Ah Monchieur Frédériche ! me dit-elle, je viens de ramener votre petiche à madame Ichabelle, elle en fait une tête !

Je secoue la mienne, rassurant, et avale l'escalier en deux enjambées. Avant de rentrer, je planque quand même mon vinyle sous mon pull.

4 octobre

Depuis hier, j'essaie d'expliquer à Isa qu'il est essentiel, pour le bon déroulement de la garde, qu'Hugo ait un minimum de temps d'acclimatation, de transition, d'adaptation. Isa ne veut rien entendre.

Elle en a marre de mon égoïsme, de mon comportement irresponsable, de mon je m'en foutisme permanent, en gros, je ne suis qu'un pauvre adulescent ! Encore un mot-valise que la psychologue de son école a dû lui apprendre.

Je lève les yeux au ciel tandis qu'elle embarque Hugo pour le déposer chez Maria. J'ai encore une demi-heure devant moi avant d'emmener Nina à l'école. Je mets mon nouveau disque des Stones sur la platine et pars à « *2000 années lumière de la maison* ».

8 octobre

Question sexualité avec Isa, c'est compliqué. J'ai lu que la grande majorité des couples ne reprend sa vie sexuelle qu'entre un et trois mois après la naissance. On a déjà dépassé la date butoir et moi, ça commence sérieusement à me peser.

Pour parvenir le plus vite à mes fins, je lui ai promis de changer, de faire des efforts et plein d'autres résolutions que j'aurais bien du mal à tenir. Isa est crevée par sa première semaine de travail et n'a pas la tête à ça. L'après-midi, pour montrer ma bonne volonté, j'emmène Hugo chez la pédiatre.

Dans la salle d'attente, je prends une revue pour les jeunes parents et tombe sur un sujet qui m'intéresse particulièrement : la sexualité du couple après l'accouchement. L'article donne un conseil vraiment mesquin aux mamans : il leur recommande, dès la naissance, d'inciter le papa à prendre son enfant dans les bras, à le câliner et lui donner son bain.

Ce contact corporel régulier avec le nouveau-né ferait monter le taux de prolactine masculin et diminuerait ainsi le désir sexuel. Je manque de balancer la revue et Hugo à l'autre bout de la pièce.

9 octobre

Avant, le dimanche matin, c'était sacré : avec Isa, on se levait vers midi, on traînassait dans l'appartement et, sur le coup de treize heures, on partait rejoindre les copains pour « bruncher ». Maintenant, on ne bronche plus quand l'autre se lève et que c'est à notre tour de rester au lit.

Ce matin, c'est à moi de m'occuper des loulous, surtout d'Hugo, qui commence à japper dans la chambre. Il est réveillé et veut tétouiller son biberon. Je l'extirpe de sa gigoteuse tout en regardant Nina qui fait signe de dormir. Je prononce alors deux mots magiques : dessins animés.

Comme par enchantement, Nina est déjà dans le salon à chercher partout la télécommande. Je l'agite devant ses yeux écarquillés et lui fais du chantage : regarder télé contre garder bébé.

J'installe Hugo sur les genoux de Nina et lui tends le biberon tout droit sorti du micro-ondes. Je lui donne enfin la télécommande. La voilà prête à zapper toute la matinée. Je me rendors à leurs côtés sur le canapé. C'est bien de leur confier très tôt des responsabilités !

11 octobre

Nina est rentrée de l'école à 16 h 30 avec une tête renfrognée. J'essayais à ce moment de pondre un article sur le bonheur à tout prix et je n'étais pas content de mon boulot. Je lui demande ce qu'elle a.

Elle me balance négligemment son carnet de liaison. Un joli mot de la maîtresse est justifié entre les lignes : « Nina n'écoute pas les consignes et est très dissipée en classe. Elle passe son temps à dessiner sur les tables et à embêter ses camarades. Je propose de vous rencontrer ce samedi pour faire le point sur son comportement. Cordialement, Madame Lainère. ».

Visiblement, elle a les nerfs à vif, la maîtresse, et je propose à Nina de voir ça directement avec sa mère : entre institutrices, elles ont les mêmes référentiels.

Je trouve plutôt chouette que Nina donne libre cours à son imagination, à sa créativité, quand soudain, j'entraperçois dans le couloir mon sac à dos, celui que Nina arbore fièrement depuis la rentrée et qui ressemble maintenant à un mur de street art ambulant.

...

Je vois rouge, bleu, noir, vert, comme le Bic légendaire. Nina file dans les toilettes et s'y enferme à double tours jusqu'au retour de sa mère. Rrrrr !!!

15 octobre

Isa revient ravie du rendez-vous avec la maîtresse. Elle vient de passer pour une mère indigne, incapable de s'occuper correctement de sa fille. Les cordonniers sont toujours les plus mal chaussés ! Autant dire que le repas du midi est glacial et que Nina n'est pas en odeur de sainteté.

Isa l'a privée de télé jusqu'à nouvel ordre, ce qui ne change rien à mon programme dominical, puisque c'est à moi de rester au lit. En revanche, je me demande comment on va bien pouvoir occuper Nina pendant ce week-end qui s'annonce pluvieux.

La réponse arrive sur notre téléphone fixe. La maman d'Agathe propose d'emmener Nina au cinéma et de nous la ramener après le goûter. Je regarde Isa se battre avec sa conscience et le combiné avant qu'elle n'accepte amèrement la proposition.

Les yeux de Nina retrouvent leur éclat quand Agathe et sa maman viennent nous en débarrasser.

- Enfin seuls ! dis-je à Isa en regardant notre Babyphone inanimé.

À son regard, je comprends qu'elle n'a toujours pas la tête pour les galipettes.

16 octobre

Cette nuit, nous avons dû changer le canal de notre Babyphone, car nous étions sur la même fréquence que celui de nos voisins du dessus. Ils ont une petite Margaux, née quelques mois plus tôt et, manifestement, ils ont retrouvé goût aux ébats amoureux... eux.

Au début, nous avons pensé qu'Hugo avait de nouveau une crise d'asthme, et que nous étions bon pour la kiné respiratoire. Mais ce n'étaient que les halètements de Madame et l'essoufflement de Monsieur.

J'appréhendais de les rencontrer le lendemain dans l'escalier, ne sachant pas ce qu'ils avaient bien pu entendre chez nous. Sans doute le calme plat d'un couple raplapla. Je me suis rapproché d'Isa, espérant qu'elle aurait pu être émoussée par cette interférence nocturne, mais elle était déjà débranchée, hors tension. HS.

21 octobre

Pour les vacances de la Toussaint, nous envoyons Nina une semaine chez mes parents. Elle est trop contente de partir loin de son frère et de se faire gâter par des grands-parents gâteux.

Ils ont un grand jardin, une balançoire et un petit « canif », comme dit Nina.

Youki est un chienchien à sa mémère, bien pépère, qui préfère les coussins du canapé aux longues balades en forêt. Un peu comme moi en quelque sorte. Avec Nina, il n'est pas au bout de ses peines.

Isa est également en congés, mais elle veut à tout prix garder Hugo à la maison, quitte à dédommager Maria. J'essaie de la convaincre de laisser Hugo chez sa nounou, mais sa fibre maternelle lui interdit cette trahison.

Sur ces mots sans appel, j'en reçois un de Nico qui me propose un resto avec tous les potos. Je laisse Isa en plan avec Hugo. Elle me reproche encore mon manque de fibre paternelle. Je l'écoute à peine et file sans tarder tester ma fibre fraternelle.

31 octobre

Pour Halloween, Nina a invité sa copine Agathe à dormir à la maison. Toute la journée, avec une patience infinie, Isa leur concocte des déguisements de sorcières à faire trembler tout l'immeuble.

Les filles montent donc dans les étages faire leur récolte de bonbons et jeter des mauvais sorts à tous ceux qui n'ouvrent pas leur porte. Elles reviennent pour le dîner, avec leur panier en osier gavé de bonbons et de sucreries.

Elles n'ont pas très faim car elles ont déjà bien entamé leur trésor. Je les envoie se débarbouiller en les délestant chacune de leur panier miraculeux. Au passage, je prends une grosse poignée de bonbons, que je cache discrètement dans mon tiroir de bureau.

Il y a des fraises dont je raffole, des sucettes multicolores, des chewing-gums bi-goût et plein de caramels qui collent bien aux dents. Madame Adam, notre dentiste préférée, doit se frotter les mains avec cette fête opportune.

1er novembre

Ce matin, alors que tout le monde dort, je ressors du fin fond de mon tiroir mon masque en latex à tête de mort et mon costume. Un vestige d'une soirée Halloween que nous avions faite avec Isa et les copains. Je l'enfile et me dirige à petits pas vers la chambre des enfants.

Les filles dorment côte à côte avec leur déguisement qu'elles n'ont pas voulu retirer. Au pied du lit, des papiers de bonbons sont dispersés. Elles ont dû faire bombance. J'allume la torche de mon portable et éclaire mon visage terrifiant en contre-plongée.

- C'est la fête des morts ! je m'écrie avec une voix d'outre-tombe, tremblez sorcières !

Les filles ouvrent un œil et se mettent à hurler de trouille et à pleurer sous les draps où elles ont trouvé refuge. Hugo, qui ne comprend rien, se met à pleurer pour faire comme elles.

Isa que je n'ai pas entendu arriver, me fiche la peur de ma vie en me hurlant dans les oreilles. Je sursaute comme un enfant et retire mon masque innocemment. Je crois bien que c'est la dernière fois qu'Agathe vient dormir à la maison.

HAAAAA !!!

3 novembre

Quel bonheur de se retrouver seul à la maison, au calme quand tout le petit monde est parti ! Isa et Nina sont dans leurs classes respectives, Hugo chez Maria. Je peux enfin travailler mon article pour *Zik Zak Zouk*, sur l'influence du blues sur le rock.

Je mets un bon John Lee Hooker reprenant le standard « *One bourbon, one scotch, one beer* », et je vais m'en ouvrir une, histoire de me mettre en condition. Je laisse le bon temps rouler et mes doigts sur le clavier de l'ordi pianotent de jolis solos. Mon sujet s'écrit tout seul.

L'alarme de mon téléphone me rappelle à mon devoir de papa et je vais chercher Nina, puis Hugo, chez Maria. Quand Isa rentre après sa journée de reprise, le visage fatigué, le bleu de ses yeux délavés, je lui demande, pour détendre l'atmosphère, ce qu'elle veut boire : « Un bourbon, un scotch ou une bière ? ».

Elle ignore ma proposition et se prépare une tisane « Nuit calme ». Ce qu'elle ne sait pas, c'est que j'ai échangé les sachets avec l'infusion « Nuit coquine », que j'ai spécialement achetée. J'ai hâte, pour une fois, d'aller au lit.

5 novembre

Je sens que je vais aller me faire rembourser ma tisane aphrodisiaque. Aucun effet sur la libido d'Isa. Ça l'empêche surtout de dormir. À 6 heures du matin, complètement surexcitée, elle décide de partir seule, se ressourcer tout le week-end chez ses parents.

Je m'indigne pour la forme et accepte enfin quand elle me promet que, moi aussi, je pourrai partir en solo un week-end. Au réveil d'Hugo et de Nina, Isa a mis les voiles. Je les scotche toute la matinée devant la télé.

Dans l'après-midi, je les emmène se balader en ville. Quel enfer ! Hugo n'arrête pas de brailler dans sa poussette. Pour le calmer, je lui donne mes clés en guise de hochet. Il est émerveillé par le cliquetis métallique et les reflets du trousseau, puis, soudain désintéressé, il les jette dans le caniveau. Mes clés de maison disparaissent en un rebond, au plus profond de l'égout.

Je suis maintenant à la rue avec mes deux enfants, désespéré. J'appelle Isa au secours, qui revient dare-dare de chez ses parents pour nous ouvrir les portes de notre appartement. Je viens de lui gâcher son week-end et elle compte bien me le faire payer.

14 novembre

Nina a été patraque tout le week-end. Avec Isa, on espère surtout qu'elle sera en forme samedi pour fêter ses 6 ans. Elle a déjà invité plein de copines pour son anniversaire, seule Agathe a refusé... Elle ne veut pas remettre les pieds dans notre maison hantée. Isa est partie plus tôt ce matin et j'ai déjà Hugo dans les bras. Je réveille Nina, qui est brûlante sous la couette.

Je réfléchis à toute vitesse et visualise mon agenda de la journée : rendez-vous à 9 heures avec Paulo au café, puis passage éclair chez *Factuel* pour une remise d'éléments, suivi d'une interview d'un art-thérapeute pour *Psychomad*. Bref, pas de place pour Nina dans ce programme.

Je lui administre au plus vite une dose de paracétamol ; dans une demi-heure, la fièvre sera tombée et la maîtresse n'y verra que du feu. Les parents, quand il le faut, savent vite remettre leurs enfants d'aplomb.

15 novembre

Le verdict est tombé : Nina a une bronchite et doit rester à la maison. D'après le médecin, elle sera sur pied pour son anniversaire. Elle est soulagée. Pas moi, car cela veut dire que c'est Bibi qui va devoir la garder au chaud. Tous mes plans boulots et potos pour le reste de la semaine sont chamboulés et ça me fait enrager.

En emmenant Hugo chez Maria, je focalise sur le lit superposé et le fait que Nina serait peut-être contente d'être avec son frère chez sa nourrice. Maria est d'accord sur le principe, les petits virus ne lui font pas peur.

Je lui laisse donc Nina, après un gros câlin à ma fille chérie.

Nina, en pleine régression, est chouchoutée comme un gros bébé. Et moi, libre et heureux comme un gros kéké.

19 novembre

Pour son anniversaire, Nina veut un chat. On lui offre donc un livre sur les chats et un vélo violet. Elle cache sa joie et abandonne ses cadeaux dans un coin. Heureusement que ses copines apportent d'autres paquets : elle a une grosse boîte de feutres, un tee-shirt rose avec un gros cœur en paillettes au milieu, des livres de coloriages et un petit chat noir en porcelaine.

Isa a préparé un beau gâteau au chocolat saupoudré de vermicelles multicolores et surmonté de 6 bougies pétillantes. Nina s'y reprend à plusieurs fois pour toutes les éteindre. Les filles se goinfrent de gâteau et ont la bonne idée de vouloir danser.

Je sors un disque de Stevie Wonder sur lequel figure « *Happy Birthday* », un morceau tout choisi. Tandis que les filles s'éclatent sur la piste, j'en profite pour finir en douce le reste du gâteau. Isa me surprend en flagrant délit de gourmandise... Après la fête de Nina, c'est la mienne !

20 novembre

À force de voir Nina faire du vélo dans l'appartement, j'ai le tournis. Je l'emmène donc dehors, lui faire découvrir les joies des grands espaces. Je vais apprendre à Nina à faire du vélo et, toute sa vie, elle se souviendra de ce moment inoubliable. Un rôle idéal pour le papa !

Dans ma poche, j'ai une clé pour dévisser ses petites roues stabilisatrices. Nina n'est pas rassurée de passer de 4 à 2 roues. C'est normal, mais je suis sûr qu'elle va y arriver. Je la tiens donc par les épaules et cours à ses côtés pour lui faire prendre un peu de vitesse. L'objectif : la lâcher au bon moment tandis qu'elle pédale en regardant droit devant.

Pas facile de trouver l'équilibre et de faire confiance à la force centrifuge... et à son papa. Plié en deux comme un roseau qui ne pense plus à rien, les muscles aussi contractés que le visage de Nina, je me fais un sacré tour de rein.

Une douleur lombaire fulgurante me casse en deux et me laisse éparpillé sur le macadam. Nina, qui pédale sans s'en rendre compte, m'abandonne à ma souffrance. J'ai réussi ma mission, je mérite maintenant le repos du guerrier.

21 novembre

Anti-inflammatoires, myorelaxants, antalgiques : avec les médicaments pour soigner mon lumbago, je plane comme un condor et dors comme un con toute la journée. Isa est aux petits soins et Nina pédale comme une petite reine.

Je suis fier de moi et content d'être au cœur de toutes les attentions. Je vais en profiter, surtout des massages embaumants que me prodigue avec douceur ma tigresse.

27 novembre

Je sais que le repos complet est contre-indiqué pour un lumbago car il provoque une fonte musculaire, sans pour autant atténuer la douleur. Je suis prêt à fondre encore un peu sous les caresses d'Isa. D'autant qu'une fois les enfants couchés, elle commence à retrouver goût à ma peau délaissée. C'est bon d'être avec Isa, de me lover contre elle, de sentir son parfum.

Les choses se font naturellement et nous sortons enfin de la carence affective dans laquelle nous étions tombés. Isa est à califourchon sur moi, dos à la porte. Nous ne faisons plus qu'un. Pour faire de l'humour, je relève la tête en criant : « Bon sang Nina, qu'est-ce que tu fais là ?! ».

Isa y croit tellement qu'elle plonge sous la couette et m'écrase comme un vulgaire cafard. Je comprends tout de suite qu'avec ma stupide boutade, j'ai transgressé un tabou. Quel couillon !

1er décembre

Isa en a tout simplement marre de moi et c'est reparti pour une guerre intestine. De mon côté, je m'interroge sur notre couple, sur notre famille et je doute de plus en plus de ma capacité à en supporter davantage. J'envisage même le divorce, mais avec mon seul salaire de pigiste, plus la pension alimentaire, je ne pourrai pas joindre les deux bouts et encore moins prétendre à un appartement.

À moins de trouver rapidement une jeune femme célibataire et propriétaire, ou encore une maman esseulée, bien contente de refaire sa vie avec un homme sur qui compter.

Je suis prêt à laisser la garde des enfants à Isa et à ne les voir qu'un week-end sur deux. C'est un rythme qui me paraît confortable. La fin d'année approche et j'ai déjà trouvé ma première résolution.

3 décembre

J'adore aller chercher Nina à l'école le samedi matin car j'y croise des parents d'élèves que l'on ne voit pas en semaine, et plus particulièrement de jolies mamans. J'ai trouvé un truc infaillible pour les aborder le plus naturellement possible : la technique du kangourou.

Je mets Hugo dans un porte-bébé ventral et je passe entre les rangs des mamans qui attendent leur progéniture. Quand l'une d'elles a le malheur de craquer sur mon petit kangourou, je m'arrête et lui souris en penchant légèrement la tête. Le piège se referme.

Après les formalités d'usage, je sors le grand JE et tente de la séduire avec mon côté gentleman charmeur. Alors que je commence à peine à faire rire une jeune maman divorcée habitant le quartier, la mère d'Agathe, sa meilleure amie, vient nous rejoindre et plomber l'atmosphère.

- Un conseil ma chérie ! lui dit-elle en l'embrassant, n'envoie jamais ta fille dormir chez lui, ce mec est un pervers !

...

Ce jugement assassin me condamne sans appel et seul le brouhaha de la fin des classes m'accorde une remise de peine. J'aperçois Nina et, pour une fois, c'est moi qui cours vers elle pour disparaître au plus vite. Il va falloir que je trouve désormais, chaque samedi matin, une parade pour m'éviter cette odieuse humiliation.

TWINK!!!
TWINK!!!

4 décembre

En début d'après-midi, Isa part se promener avec Hugo. Moi, je bosse à la maison et Nina, épuisée, fait une sieste dans sa chambre. J'ouvre mon tiroir de bureau pour prendre le dernier chewing-gum qu'il me reste d'Halloween.

À ma grande surprise, il a disparu. Quand je vois Nina arriver dans le salon avec l'objet du délit collé dans les cheveux, je ne vais pas chercher bien loin la coupable.

- Tu as mangé du chewing-gum ?
- Non, pourquoi ? me répond-elle avec un air innocent.

Je la fige devant le miroir et soulève délicatement sa frange alourdie par un nœud bien compact. Elle est confondue et commence à fondre en larmes. Je la rassure en lui disant que je connais une méthode infaillible pour le retirer : le glaçon !

Je file dans la cuisine en prendre un, mais le bac est vide. Comme je ne me vois pas faire tout l'immeuble pour en demander aux voisins, je reviens à une bonne méthode ancestrale : les ciseaux.

...

Il suffit d'égaliser un peu sa frange et le tour est joué. Nina doute de mes compétences de coiffeur et elle a bien raison car le résultat laisse franchement à désirer.

Elle est affreuse avec son front dégarni, mais elle a beau pleurer, le mal est fait. Et puis, au moins, avec cette histoire, je suis sûr que Nina va maintenant mettre son bonnet pour sortir.

5 décembre

Isa a emmené Nina chez un coiffeur digne de nom qui a fait son possible pour rectifier le massacre. Désormais, Nina a une coupe de garçon manqué, qui renforce son air canaille.

Ses copines se sont moquées d'elle et elle m'en veut toujours autant. Si elle ne m'avait pas volé le chewing-gum que je lui avais volé, rien ne serait arrivé ! Il y a une justice dans la vie.

7 décembre

« Je voudrais un chat, mais comme Papa et Maman ne veulent pas, peut-être que si c'est toi qui me l'offres, ils ne diront rien. La petite souris, elle, elle a accepté de me donner ce que je voulais, alors pourquoi pas toi ? Je t'aime mon petit papa Noël, Nina ».

Quand on a découvert la lettre au Père Noël que Nina a écrite en classe, on s'est regardé avec Isa en se demandant si notre fille y croyait toujours ou si c'était une grande manipulatrice.

Dans le doute, on a posté sa missive, sans timbre, avec juste le nom du destinataire sur l'enveloppe, en croisant les doigts pour qu'elle n'arrive jamais.

17 décembre

Pour fêter les vacances de Noël, j'achète un beau sapin que nous allons décorer en famille. Je ressors de la cave le vieux carton contenant tous les accessoires.

En ouvrant la boîte de Pandore, Isa ne retrouve plus sa grande étoile de Noël qu'elle a faite en origami, ni les Pères Noël en papier que Nina a découpés à la maternelle, ni les bonhommes de neige que belle-maman a tricotés, ni les lutins en feutrine, ni les santons en pâte à sel... il reste juste quelques boules et la guirlande lumineuse.

Naturellement, je me fais enguirlander par les filles, m'accusant sans preuves d'avoir jeté leurs décorations. Je me souviens très bien les avoir emballées l'année passée, ni vu, ni connu, dans le sac à sapin, dès la première semaine de janvier. Un don charitable comme un autre.

Pour me disculper, je leur propose d'aller vérifier elles-mêmes à la cave, mais leur courage s'est tout à coup envolé. Elles vont passer leur journée à bricoler toutes les deux dans le salon, et moi, je vais en profiter pour aller au ciné.

20 décembre

Ce midi, en ramassant le courrier, je trouve une lettre du Père Noël adressée à Nina. Le secrétariat de la Poste n'a pas chômé, en distribuant plus d'un million de courriers aux enfants impatients. Sans hésiter, j'ouvre la lettre.

Je découvre que le Père Noël a bien reçu la liste de cadeaux de Nina et a été informé qu'elle a été très sage avec ses parents. Elle doit donc s'attendre à une belle surprise.

Comme le voyage avec ses rennes va être éprouvant, il demande à Nina de lui déposer au pied du sapin des biscuits, un verre de lait et quelques carottes pour ses rennes. Il ajoute que Nina est une petite fille formidable et qu'elle doit continuer à rendre ses parents heureux...

J'imagine le bazar dans la maison avec les morceaux de carottes, les biscuits et le verre de lait qu'Hugo va naturellement renverser. Je déchire donc la lettre en mille morceaux et n'en touche pas un mot à Isa.

25 décembre

Aujourd'hui, c'est Noël et Isa m'offre un 45 Tours assez rare de David Bowie avec le single « *Changes* » sur la face A. Dois-je y voir un message ?

En retour, je lui offre un mixeur pour faire des petits pots à Hugo. Elle en rêve depuis toujours. Moi aussi, pour me concocter d'onctueux cocktails aux fruits défendus. Isa aide Hugo à déballer sa voiture multi-activités qui fait un bruit dingue quand il la secoue.

Nina n'a d'yeux que pour le gros carton rouge et vert qui porte son prénom et dans lequel un pauvre chat doit s'étouffer. Avec précaution, elle dénoue le bolduc et met un temps fou à ouvrir le paquet.

À l'intérieur, un beau chat noir la regarde avec ses yeux illuminés. La notice dit qu'ils changent de couleur selon son humeur et que KittyKitty ronronne et miaule à la demande.

Ce chat télécommandé se déplace comme un paralytique et Nina n'a pas envie de jouer les infirmières. La seule chose qu'elle dit c'est que le Père Noël est trop nul. Ce n'est pas le moment de mettre mon vieux vinyle de Tino Rossi.

31 décembre

Jour de l'An en petit comité cette année, les mêmes amis qu'aux 3 mois d'Hugo. Je suis allé chercher la Bugatti qui prenait la poussière à la cave et l'ai installée près du sapin.

Après de bonnes rincettes d'apéro, Nico, Paulo et Rico commencent à délirer et à embarquer dans le bolide. Ils se poussent mutuellement dans l'appartement sous le regard effaré des copines d'Isa. Elles philosophent sur l'éducation des enfants en général et sur le rôle du père en particulier. Je rejoins mes potos sur la ligne de départ, prêt à les coiffer à l'arrivée.

Sur le coup de minuit, on s'embrasse avec Isa sous le gui, joli présage de bonheur et de longue vie. J'en oublie alors ma volonté de la quitter. Je l'aime plus que tout et c'est plus fort que moi.

Nous finissons l'année avec mes copains autour de la grolle qu'Isa a bien voulu nous prêter. Le doux mélange de café et d'eau-de-vie nous achève sur le coup de 6 heures du matin, douce heure à laquelle Hugo attend la relève en pleurant tout son soûl.

- Bonne année, bonne santé... Isaaa, c'est à ton tour d'y aller...

1er janvier

Mes résolutions

1. Je ne me lèverai plus la nuit
2. Je ne toucherai pas aux couches souillées
3. Je ferai garder mes enfants le plus souvent
4. Je ne m'en occuperai pas
5. Je ne penserai qu'à moi
6. Je sortirai avec mes copains
7. J'aurai toujours un alibi
8. Je mentirai quand je pourrai
9. J'oublierai les prénoms de mes enfants
10. Je leur dirai toujours non

8 janvier

Dimanche dernier, on a loupé la traditionnelle galette des rois, mais les boulangeries en regorgent encore de bien belles. J'achète donc une belle frangipane 4 parts pour ma petite famille. Hugo n'en mangera pas, ce qui nous donne donc une chance sur trois d'avoir la fève et la couronne. J'espère être roi, et qu'Isa soit ma reine, pour que nous soyons des héros juste pour une journée.

Je découpe la galette en trois en suivant le motif « Peace and Love », un message subliminal pour Isa, nous suggérant de faire l'amour plutôt que la guerre. Je lui souris, elle a compris.

Sous la table, Nina attribue déjà les parts. Pour Maman d'abord, pour elle, puis pour moi. Chacun observe l'autre du coin de l'œil et je fais semblant de mordre dans quelque chose de dur. Nina s'étouffe et recrache dans son assiette un gros chat tout empâté. Elle a la fève et doit maintenant choisir son roi.

Hugo reçoit la couronne pour la photo-souvenir et s'amuse déjà à la réduire en confettis une fois le petit oiseau sorti. Nina, qui prend très au sérieux son rôle de reine, nous demande de l'installer sur son trône devant la télé. Les rois mages d'hier sont désormais remplacés par la reine des images.

14 janvier

En cette nouvelle année, une nouvelle aventure nous attend : la diversification alimentaire de bébé. Isa ne veut que du naturel. Elle passe donc un temps fou dans la cuisine à cuire et mixer haricots verts, épinards, potiron... bref, tous les légumes que je déteste. Hugo va déguster !

Mélangée au lait du biberon, la mixture n'inspire pas confiance, mais Hugo avale sans rechigner. Isa est aux anges. Le seul inconvénient, c'est qu'il met maintenant des plombes à finir sa tétée. Pour Isa, c'est toujours un gros câlin de gagné, pour moi, du temps perdu.

Aussi, pour le biberon du matin, après le départ d'Isa, je sors ma tétine de compétition que je planque au fond de mon tiroir de bureau. J'en ai élargi l'embouchure pour laisser passer la fibre des légumes en très haut débit.

C'est impressionnant de voir à quelle vitesse il descend ça, et surtout d'entendre son rot final qui dépasse le mur du son. Hugo est vraiment un bon vivant.

15 janvier

Hugo a ses premières poussées dentaires, ce qui explique ses pleurs en continu. Il a les joues toutes rouges et est vraiment ronchon. Isa m'envoie donc dans la rare pharmacie de garde ouverte ce dimanche de janvier. Ma mission : lui trouver une sucette de dentition et un baume gingival.

Coup du sort ou du hasard : c'est la pharmacie où j'ai acheté de l'éosine pour Hugo. J'espère que la préparatrice que j'ai draguée la fois dernière est en repos dominical. Manque de pot, elle est bien là derrière le comptoir. Quand elle me voit, elle tourne la tête. J'erre donc comme une âme en peine dans le rayon pédiatrique. J'ose enfin m'approcher d'elle, et un peu perturbé, je passe commande.

- Bonjour, je voudrais un baume vaginal et...

Je donnerais tout pour ravaler ma phrase. Je suis cramoisi de honte, rouge comme un homard. La pharmacienne a pitié de moi et me demande si je veux également une sucette.

Je hoche la tête comme un toutou, paye et sors au plus vite de ce lieu maudit. Dans la vitrine d'un magasin, je vois mon visage écarlate, couvert de plaques. Je suis devenu allergique aux pharmacies. L'année commence bien.

16 janvier

Aujourd'hui, j'ai rendez-vous chez *Trendyz*, le magazine de lifestyle pour les générations X et Y. Je me suis mis sur mon 31 pour faire bonne figure auprès du jeune directeur de rédaction et je compte bien récupérer quelques piges pour mettre du beurre dans les épinards d'Hugo.

Je traverse l'open space tête haute, matant au passage les hipsters et les sisters qui surfent sur le net. Je retire mon perfecto à la James Dean et me plante devant le boss. Son regard s'enfonce comme une lame dans mon épaule : sur ma chemise blanche dégouline la purée verdâtre de mon cher Hugo. La honte. Certes, en raison de mon rendez-vous, j'ai quelque peu abrégé le biberon, mais je n'ai pas senti que son rot m'avait autant éclaboussé.

Le boss est cool et me confie un sujet tout trouvé : « Comment rattraper les taches sur vos tenues vintage ? ». Comme une pauvre tache, j'accepte la tâche. En tout cas, je prends une décision unilatérale : dès demain matin, fini les biberons, je passe aux petits pots.

18 janvier

Au supermarché, j'ai l'embarras du choix en matière de petits pots pour bébé. Il y a les grands classiques aux légumes de jardin et les tendances avec des noms qui me sont parfaitement inconnus : panais, butternut, potimarron, quinoa...

Hugo a presque 7 mois, je prends donc pour mon grand garçon tous les pots qui indiquent « dès 8 mois ». Avec les enfants qui grandissent si vite, c'est comme les chaussures, il vaut mieux leur prendre une taille au-dessus pour que ça leur profite un peu plus.

Je vois déjà tous les avantages de ce nouveau mode d'alimentation : pas de repas à préparer, un plat réchauffé en moins d'une minute, pas de vaisselle à faire, un gain de temps inestimable pour un papa vite débordé.

Et puis, les nouvelles générations doivent au plus vite s'adapter à l'alimentation industrielle pour renforcer leurs défenses immunitaires contre tous ces additifs addictifs. En réglant à la caisse, je découvre que c'est aussi un juteux business : le temps, c'est de l'argent !

19 janvier

Je n'ai pas le succès escompté avec le petit pot bœuf-carotte. Pas plus avec le poulet fermier et maïs doux. Hugo me recrache tout au visage. Soit il est difficile, soit végétarien et ça, ça m'embête un peu plus, vu que je suis le seul à la maison à aimer la viande saignante.

J'ouvre donc un petit pot épinards-saumon et recommence l'expérience. Je prends une bonne cuillérée que je fais tournoyer au-dessus d'Hugo comme un avion, jusqu'à ce qu'elle atterrisse dans sa bouche bée. Hugo avale en grimaçant. Je le comprends le pauvre, ça ne doit pas être très bon.

Je demande à la tour de contrôle l'autorisation de décoller et le second appareil prend son envol. Il virevolte quelques secondes avant d'être balayé par une rafale et de s'écraser dans mon œil droit.

L'œil tuméfié, j'arrête le combat et concède la victoire à Hugo qui vient de renverser sur le ring de sa chaise haute toute la purée verdâtre.

21 janvier

Avec mon œil au beurre noir, dissimulé sous des lunettes de soleil, je joue les stars dans la rue. Qui d'autre oserait en plein mois de janvier se protéger ainsi de la grisaille ?

Évidemment, personne ne me reconnaît, ni la jolie petite fille que je tiens par la main et que j'emmène incognito dans la forêt. Avec Nina, nous allons jouer à cache-cache et nous adorons ça. D'autant qu'à ce jeu-là, je suis un sacré pisteur et, surtout, un sacré tricheur.

L'astuce est toute simple : quand je compte, adossé à un arbre, je mets discrètement mon téléphone en position selfie et j'observe la direction qu'elle prend ou la cachette qu'elle trouve. Après, c'est un jeu d'enfant de la retrouver.

- Papa, comment tu fais ? Tu me trouves tout le temps !
- C'est parce que tu sens bon mon enfant ! lui dis-je comme le grand méchant loup.

Nina accepte sans rougir le compliment et commence à compter jusqu'à 10, juste le temps pour moi d'aller me cacher. Et si je la laissais gagner pour une fois ?

23 janvier

Ce matin, il fait un froid de canard et nous sortons de la base spatiale, habillés en cosmonautes et traversons la voie lactée à la vitesse de la lumière. Je dépose Nina devant le sas de l'école et file avec Hugo dans la galaxie urbaine. Soudain, il se met à pleurer et à s'agiter. Je veux lui redonner son doudou pour le calmer, mais je ne le trouve plus dans la poussette. Je suis pourtant persuadé de lui avoir mis entre les mains ce matin.

- Bah, il est où ton doudou ? je lui demande comme s'il pouvait me répondre.

Combien de parents étions-nous à dire ce genre d'ineptie, autant demander à un chien, où est sa baballe. Je refais le chemin en sens inverse, mais je ne vois pas l'infâme bout de chiffon baveux. Hugo est inconsolable. J'ai soudain, un espoir : les parents qui retrouvent un doudou, l'accrochent aux grilles du square. J'y fonce avec ma poussette supersonique et decouvre trois pauvres doudous crucifiés et frigorifiés qui attendent désespérément leur petit propriétaire.

Je décroche le plus mignon, un chat noir comme le café que je tends à Hugo. Il le renifle longuement et enfin le cajole. Après un petit tour dans la machine à laver, il fera tout neuf et Isa ne pourra que saluer mon achat. Malin, non ?

1er février

Quand j'ai vu le prix des tapis d'éveil, j'ai décidé d'en faire un pour Hugo. Je l'installe sur une grosse couverture sous mon bureau auquel j'ai suspendu toutes sortes d'objets. Des clés, des feutres, des capsules de bières, du papier bulle, de l'aluminium et même un rouleau de PQ. C'est le bonheur intégral. Hugo joue avec tout ce petit bazar, et moi je garde un œil sur lui tout en travaillant.

J'écris un article pour *Strapontins Magazine*, expliquant pourquoi le vert porte malheur au théâtre. La légende urbaine dit que c'est dans cette couleur que Molière est mort sur scène, en jouant *Le Malade imaginaire*. Or, on pense que la superstition vient plutôt d'une raison purement chimique. Au Moyen Âge, l'oxyde de cuivre servait à teindre les costumes en vert et ce composé, très instable en présence d'humidité, aurait été la source de nombreuses intoxications de comédiens.

Je jette un coup d'œil à Hugo que je n'entends plus depuis quelque temps. Et là, je vire au vert : il suçote un feutre bleu qu'il a réussi à décrocher de son mobile. J'arrache le feutre à mon schtroumpf et tente de l'essuyer comme je peux.

...

Inquiet, je surfe sur Internet pour jauger de la toxicité du produit. Sur les forums, des parents affolés cherchent réconfort auprès de la communauté. J'en lis des vertes et des pas mûres. Au final, des sites plus sérieux et plus rassurants me soulagent à moitié. Je sais pourtant qu'en rentrant, Isa appellera illico le centre antipoison.

2 février

Pour la Chandeleur, j'ai décidé de faire des crêpes pour le goûter. J'alterne donc entre la préparation de la pâte et celle de mon article pour *Zik Zak Zouk* que j'ai intitulé « Rhum & Blues ». L'idée fait son chemin, et après un Ti-Punch maison, j'arrose ma pâte d'une belle rasade de rhum agricole pour lui donner du goût.

Je fais sauter les crêpes dans une légère euphorie et je les rattrape toutes au vol, ondulant sur les rythmes créoles de « *Donne du rhum à ton homme* », la célèbre chanson de Moustaki.

Isa est allée chercher Hugo chez Maria, et Nina, par l'odeur alléchée, est rentrée bien vite de l'école. On s'attable autour du sucre, de la pâte à tartiner, des confitures, du miel et du caramel beurre salé, prêts à lancer les hostilités.

Hugo nous regarde nous bâfrer comme des ogres affamés. Il a quand même droit à un petit morceau de crêpe qu'il suçote tout content. On a tous le teint pivoine et de délicieuses bouffées de chaleur.

- C'est bon avec du rhum, dis-je en fin connaisseur.

...

- Quoi ? Tu en as mis dans les crêpes ? me demande Isa, livide, non mais, t'es malade !

Et c'est reparti pour un appel au centre anti-poison. Je vais encore passer pour un père indigne.

SATISFAIT OU
REMBOURSÉ,
TROIS MOIS
D'ESSAI OFFERTS,
ÉCHANGE
GRATUIT...
SI C'ÉTAIT AUSSI
SIMPLE QUE ÇA
AVEC LES ENFANTS,
ÇA SERAIT TOP,
NON ?

5 février

Dimanche midi, heure limite pour faire les courses, et c'est toujours moi qui me coltine les corvées alors qu'Isa et Nina sont en « vacances ». J'arpente la superette de long en large, remplis mon mini-caddie et, de retour à domicile, me fais houspiller.

J'ai encore oublié les couches pour Hugo, le gel douche pour Nina, les légumes à couscous, mais pas mon « Bushmills Black Bush ». Hugo n'a plus une seule couche et il va falloir trouver une parade.

- Maria en a sans doute en bas ? dis-je, soulagé par mon à-propos.
- Non, elle est aussi à sec ! Monte demander aux parents de Margaux s'ils peuvent nous dépanner.

Isa, sans scrupules, m'envole au royaume du stupre quémander des couches de bébé. Je toque doucement, prudemment, de peur de les déranger en plein ébat. Ma voisine en nuisette, les cheveux ébouriffés, vient m'ouvrir à la dérobée. Elle me tend quatre couches alors que je ne lui ai encore rien demandé.

...

- C'est un enfer ces Babyphones ! Impossible de se reposer, on entend tout ! Tenez, et n'hésitez pas à revenir si vous en voulez d'autres.

Je ne sais pas si c'est une invitation ou une déclaration, toujours est-il que je dis à Isa qui change Hugo près du Babyphone, que notre voisine est vraiment charmante.

12 février

Aujourd'hui, pour rigoler, j'ai appelé ma fille « Nino ». Elle n'a pas apprécié ce changement brutal de sexe. Elle s'est vengée en m'appelant Papy et en me prédisant un avenir pas franchement radieux.

- Quand tu seras vieux, t'auras des couches et un bavoir, et tu mangeras comme un bébé !

Qui a dit que la vérité sort de la bouche des enfants ?

16 février

Il a neigé dans la nuit et les voitures sont recouvertes d'une épaisse poudreuse. Nina se réveille en grognant. Mais à la vue du joli manteau blanc que la rue avait revêtu, elle saute dans ses bottes en plastique, enfile son manteau, son bonnet et ses gants dépareillés.

Bien emmitouflés, nous sortons et sommes quasiment les premiers à nous lancer des boules. Après cet échauffement matinal, nous commençons à rouler notre bonhomme de neige. Au bout d'une bonne demi-heure, notre gros bedonnant a pris forme.

Il ne lui manque plus que les accessoires pour lui donner son look hivernal. Je suis le premier à me délester de mon écharpe et de mon vieux pardessus pour habiller pépère. Nina lui met son bonnet rose bonbon et lui fait des yeux vairons avec ses gants. J'ajoute une bouteille de bière pour le nez et écrase une cannette de soda pour lui faire un sourire métallique. Il a une chouette allure.

Pour parfaire le tableau, j'ai l'idée d'aller arracher un balai d'essuie-glace à une épave de voiture qui traîne dans la rue depuis des lustres. Je n'ai pas le temps de le planter

...

fièrement dans notre bonhomme de neige, car déjà l'alarme réveille tout le quartier. Nous nous enfuyons au plus vite, laissant sur place tous nos indices.

Plus tard, nous revenons sur les lieux de « l'Ice Cream » voir si notre bonhomme est encore en vie. Lui, comme nos habits, ont fondu comme neige au soleil. Et ça va me coûter bonbon de racheter toutes nos affaires. Qu'importe, on s'est bien amusé !

19 février

Demain, c'est la rentrée pour les filles, j'ai donc proposé à Isa de rester au lit ce matin pendant que je m'occuperai d'Hugo. Elle m'a souri et s'est rendormie. C'est bon de la sentir heureuse.

Je vais chercher Hugo qui appelle et je l'emmène avec moi dans la cuisine. Après un biberon et un changement de couche express, je l'attache dans sa poussette pour une grande balade dans la forêt limitrophe.

Hum, ça sent bon l'humus, la terre et les feuilles séchées. Soudain, l'odeur d'un animal mort me saisit les narines. Je cherche alentour puis regarde Hugo, tout rouge, qui pousse tout ce qu'il peut. Super la balade. Je fais demi-tour dans le sous-bois et reviens vite fait à la maison. Hugo n'arrête pas de se trémousser, plombé dans sa couche débordante. Isa vient à peine de se lever quand j'entre tout joyeux dans l'appartement, en lui offrant une magnifique feuille d'érable pour l'herbier de sa classe.

Elle prend Hugo dans ses bras et constate les dégâts. Elle ne gobe pas un seul instant mon histoire de nez bouché et part changer Hugo. Moi, je vais me changer les idées en allumant la télé.

25 février

Isa revient de chez la pédiatre avec une ordonnance bien fournie. Hugo semble pourtant en pleine forme, mais avec le manque de soleil, un peu de vitamine D devrait lui faire le plus grand bien.

Elle m'envoie donc au casse-pipe, chercher la précieuse dose de vitamines pour enfants. Cela fait un mois que j'ai réussi à éviter la pharmacie et rien qu'à l'idée d'y retourner, j'ai des plaques sur le visage qui commencent à apparaître.

Devant l'officine, j'ose un œil à l'intérieur et reconnais derrière le comptoir la grosse matrone. La jolie préparatrice ne travaille donc pas aujourd'hui et c'est parfait pour mes affaires. La patronne, avec ses yeux de merlans frits, me dévisage derrière ses grosses lunettes.

- Vous désirez ? me demande-t-elle.
- En fait... tamine... pour enfants ! je bredouille d'une voix hésitante.

Son visage vire au rouge, elle semble outrée par ma demande.

On ne vend pas d'amphétamines pour enfants !

...

Je reste bouche bée, giflé par sa réplique cinglante.

- Qu'est-ce que vous avez tous à vouloir des enfants hyperactifs ? Laissez-les vivre bon sang !

Sur ces conseils éclairés, j'abandonne la partie et pars chercher mon huile de foie de morue dans une autre officine. J'ai encore écopé à la pharmacopée et bien du mal à encaisser.

10 mars

Isa a chopé la grippe et moi, je me coltine toutes les corvées. J'ai même dû différer l'écriture de mon journal tellement je suis sous l'eau. Je l'ai planqué à l'intérieur du célèbre livre *L'Art de la Guerre* de Sun Tzu, dont j'ai arraché les pages intérieures. Une stratégie militaire et salutaire qui m'évite de belles batailles rangées avec Isa.

Mon journal, c'est un objet intime, chargé de secrets. Je n'ai pas envie qu'Isa découvre mes états d'âme, ni qu'elle me perce au grand jour. Quand mes enfants auront grandi, ou quand ils auront eux-mêmes des enfants, je ressortirai peut-être mon bon vieux journal et j'espère que cela réveillera en moi de délicieux souvenirs.

En attendant, je compte bien appliquer les préceptes du vieux sage qui dit que « *L'art de la guerre, c'est de soumettre l'ennemi sans combat.* »

12 mars

Isa est toujours au fond du lit, abattue, avec la couette rabattue sur le visage. J'ai profité de sa somnolence pour rester, moi aussi, dans les bras de Morphée. Vers 11 heures, je me lève enfin. Tout est calme dans la maison, ce qui ne présage rien de bon.

À petits pas, je rentre dans la chambre des enfants et là, je vois qu'Hugo a l'air mal en point. Son visage et son corps sont constellés de petits points rouges, typiques de la varicelle. Je crains cette maladie contagieuse comme la peste car je ne l'ai pas eu étant enfant et j'ai lu à quel point, chez l'adulte, les complications peuvent être graves.

Mais, il est déjà trop tard, je suis peut-être en pleine incubation et sur le point de déclarer une pneumonie varicelleuse, avec toux sèche, crachats sanglants, douleurs thoraciques... Bref, un zombie de plus dans la maison.

- Papa, Hugo, il est malade ! Mais t'inquiète, je le soigne !

Nina lui fait boire au biberon un liquide maronnasse qu'Hugo a vraiment l'air d'apprécier.

PAPA, HUGO IL EST MALADE MAIS T'INQUIÈTE, JE LE SOIGNE !

...

- Qu'est-ce que tu lui donnes Nina ?
- Bah, du Coca-Cola !

Hugo repousse le biberon et lâche un énorme rot à faire trembler l'Amérique.

- Tu as vu, il est guéri ! Le mal, il est sorti !

En m'approchant de lui, je comprends, soulagé, la supercherie. Nina lui a simplement dessiné des boutons au feutre rouge. Quelle coquine !

J'échappe de peu à la pharmacie, mais pas au second renvoi d'Hugo qui m'explose au visage comme une cannette de soda bien secouée.

21 mars

Hugo touche à tout et met tout dans sa bouche. Rien ne lui fait peur, tout est bon à prendre, ses mains, ses pieds, et tout ce qui passe à sa portée. C'est normal à son âge, c'est sa façon de mieux connaître le monde qui l'entoure. Mais, comme ses déplacements sont pour le moment plutôt larvaires, il n'a pas grand-chose à se mettre sous la dent.

Je l'observe dans sa chaise haute, suçoter une cuillère en plastique alors que je me prépare un mojito dans la cuisine. Une idée comportementale me traverse alors l'esprit : lui faire découvrir les subtilités de ses papilles et, surtout, filmer avec mon smartphone ses réactions innées.

Je lui tends la salière en plastique, qu'il s'empresse de porter à sa bouquette. La grimace est instantanée. Je mets alors quelques grains de sucre en poudre sur mon doigt et l'approche de sa bouche cannibale. Hugo préfère nettement le sucré au salé. Mon téléphone filme sans passion.

Je découpe alors une rondelle de citron vert et la dispose sur sa tablette. En deux temps trois mouvements, elle est dans sa

...

main puis dans sa bouche. Enfin du spectacle avec un Hugo complètement acidulé, qui cille des yeux et fait de grands zestes désordonnés pour se libérer de la puissance de l'agrume. La crise de rire !

J'arrête l'expérience et me repasse l'enregistrement en boucle. C'est trop drôle ! Si j'avais été un père indigne, j'aurais immédiatement posté la vidéo sur les réseaux sociaux.

23 mars

Pour Maria, c'est un grand jour, pour Isa, c'est le pire de sa vie ! Hugo vient de prononcer ses premiers mots... en portugais. Quand nous sommes allés le chercher chez la nounou, Hugo a dit « Mamae » avec un bel accent lusophone.

- Vous avez entenduche, il a diche mamae, cha veut dire mamanche en portugaiche !

Isa vacille de jalousie et de colère. Pour soutenir la mamanche, je la tire par la manche, l'éloignant au possible de Maria, sur qui elle va se jeter comme une mère amère.

- Et chi, il diche pai, ché pas une paille, cha veut dire papache, monchieur Frédériche ?

Je n'ai pas trop comprendo, mais bon, no problemo, si Hugo dit « pai », c'est pour dire « papa ». Ça ne va pas être facile de communiquer avec lui à l'avenir. Dans l'escalier qui nous ramène à la maison, je propose à Isa ce qu'il ne fallait pas proposer.

- Ça te dirait d'apprendre le portugais ?

24 mars

Aujourd'hui, mon anniversaire ! J'ai 33 ans et encore toutes mes dents. Isa, qui a toujours le sens des symboles, m'a offert le 33 tours de Brassens « *La mauvaise réputation* ».

En découvrant le vinyle, je me demande en mon for intérieur si Isa, qui va désormais chercher Nina tous les samedis matin à la sortie de l'école, a eu vent des racontars à mon sujet. Je l'embrasse affectueusement et tends déjà mes mains vers le joli dessin que Nina a barbouillé.

Il nous représente tous les quatre dans un jardin avec un arbre effeuillé et un soleil tout riquiqui dans le ciel. L'art-thérapeute que j'ai interviewé pour *Psychomad* avait insisté sur la symbolique du soleil qui donnait des indications très précises sur l'entente de l'enfant avec son père. Plus il est grand et haut, plus la relation est bonne. J'ai embrassé Nina en serrant les dents.

Hugo me tend à son tour un dessin qu'Isa vient de lui mettre dans les menottes et qu'il commence déjà à froisser. Cela représente ses empreintes de mains et de pieds à la peinture bleue. Ce n'est pas du grand Yves Klein, mais plutôt du grand Schtroumpf.

...

Isa ne s'est pas foulée avec cette idée qu'elle répète chaque année à la maternelle pour la fête des pères. Je leur annonce soudain que Papa va maintenant gentiment les quitter pour rejoindre ses petits copains qui lui ont réservé une jolie surprise.

Heureusement que le gâteau est toujours au frigo, sinon Isa m'aurait immédiatement entarté.

25 mars

Pour mes 33 ans, Rico, Nico et Paulo ont vraiment anticipé et m'ont fait voir 36 chandelles. Apéro, resto, concerto au Batoloco, bimbos à gogo au Selecto, champagne à flots, et after chez Mado, la reine des couche-tôt.

J'ai rampé jusqu'au salon, retiré mes baskets et mon perfecto et me suis effondré sur le canapé. Je n'ai plus l'âge pour les soirées interlopes. En plus, j'ai apparemment réveillé Hugo en rentrant car je l'entends, heureux, faire areu, areu : BABA BÉBÉ BIBI BOBO BUBU.

Moi, c'est plutôt : PAPA BUBU BIBINE BOBO DODO.

Sur ces bons mots, je m'endors, laissant Hugo gazouiller en solo.

26 mars

Avec Isa, c'est un peu tendu en ce moment. Mon anniversaire lui reste en travers de la gorge.
Pour lui montrer ma bonne foi, je lui propose d'emmener les enfants jouer au square. Ma proposition ensoleille ses jolis yeux.

Assis sur un banc, j'observe les gamins qui s'excitent dans le square. Je regarde d'un œil Hugo qui mâchouille son doudou et de l'autre, au loin, Nina et ses copines qui manigancent je ne sais quoi.

Soudain, Nina revient avec un énorme bouquet qu'elle a coupé dans le parterre de fleurs. Elle me l'offre sous le regard outré des autres parents. Elle a le don de mettre les gens mal à l'aise. Je l'exfiltre en vitesse du square avec Hugo, les fleurs et la poussette.

Quelques rues plus loin, je fais un pacte avec elle : je ne la gronderai pas, à condition que ce soit moi qui offre ces belles fleurs printanières à sa maman.
Quand Isa me voit avec mon bouquet, elle me prend aussitôt dans ses bras et me serre très fort. Nous nous embrassons comme au premier jour. Et je respire car, pour une fois, Nina a tenu sa langue.

28 mars

Aujourd'hui, je fais un joli selfie de nous quatre. Nous nous serrons comme des sardines pour entrer dans la boîte, visage contre visage, sourires contre grimaces. Le cadrage est hasardeux, mais le bonheur familial est là, immortalisé dans la seconde. Nina avec son sourire édenté, Hugo avec sa morve au nez, Isa avec ses yeux délavés et moi avec ma trogne d'ursidé.

- Elle est top ! s'exclame Isa, on va l'imprimer et l'encadrer.

Je vois déjà le tableau ou plutôt le sous-verre, avec la famille ours au grand complet, rappelant à chacun ô combien la vie est belle ensemble ! Moi, qui ai parfois du mal à les voir en peinture, je ne vais tout de même pas m'infliger une double peine. Je prends donc les choses en main.

- Bonne idée ! Je vais m'en occuper !

Ah, procrastination, quand tu nous tiens...

1er avril

C'est encore les vacances de Pâques pour les filles. Elles sont ce matin dans la chambre de Nina et m'ont formellement interdit d'y entrer. Je ne sais pas ce qu'elles traficotent.

Au moins, je suis peinard dans le salon à écouter avec Hugo l'album *In Utero* de Nirvana. Je lui inculque dès le plus jeune âge les bases de la culture rock, un peu comme ces mamans qui font écouter de la musique classique à leur bébé in utero. Hugo secoue la tête en rythme sur le dernier morceau « *All Apologies* », il est déjà grunge.

Les princesses viennent nous rejoindre et, pour une fois, Isa ne me demande pas de baisser la musique. Nina, à mon grand étonnement vient me serrer dans ses bras, sous le regard attendri d'Isa, qui baisse quand même, par réflexe, le volume de la chaîne.

- Je t'aime, mon Papa chéri ! m'avoue-t-elle en me tapotant le dos.

Je fonds comme un glaçon devant les filles. Elle est trop mignonne Nina. Je l'embrasse sur ses cheveux qui sentent bon le shampoing aux œufs. Le disque est terminé et l'envie de faire un tour chez mon disquaire préféré est trop forte.

...

- Je fais un saut rapide chez Croche'n'Roll ! Je reviens vite !
- Tu peux aussi faire un saut au marché ?

Le deal est acceptable et je tourne rapidos les talons. Je me ruine avec *Physical Graffiti*, l'album culte de Led Zeppelin avec l'immeuble aux fenêtres découpées dans la pochette.

Quant au marché, j'arpente les allées sous le regard amusé des passants. Je ne vois pas trop ce qui les fait autant marrer. Je comprends enfin, en passant devant le poissonnier.

- Oh, peuchère, en voilà un beau poisson !

Tous les clients éclatent de rire et je décroche de mon dos la sardine de Nina, la fameuse galejade qui a bouché le port de Marseille. Je souris pour la forme, mais à la première poubelle, je noie la sardine avec les autres papiers gras. Ma fille est un vrai poison d'avril.

9 avril

Pour Nina, le square rime avec balançoire, pour Hugo, avec laboratoire, et pour moi, avec échappatoire. Assis sur le rebord du bac à sable avec mon fils qui se croit à la plage, j'ai un poste d'observation idéal. Pile à hauteur des jolies fesses des mamans. Hugo a la bouche pleine de sable et bave comme un escargot.

Nina et ses copines sont en train d'embêter un vieux clochard qui a élu domicile sur un banc. Le pauvre dort du sommeil du juste et ces pestes en profitent pour lui jeter sur le dos des miettes de leur goûter. Résultat, des flopées de pigeons affamés se posent sur lui et le réveillent à chaque fois. Ça les fait bien rire, les coquines.

Soudain, alors que Nina s'avance prudemment vers le monstre, l'ogre se retourne et dans un mouvement sec, la saisit par le bras. Nina est tellement surprise qu'elle ne lâche même pas un cri. J'assiste de loin à la scène et ne sais pas très bien comment réagir.

Le clochard lui aboie alors un flot ininterrompu de jurons postillons. Enfin, il relâche Nina qui s'enfuit à toutes jambes, non pas vers ses copines qui ont déjà détalé, mais vers son seul repère, à savoir, moi, son père.

...

- Papa, Papa ! me hurle-t-elle au visage, il y a un méchant monsieur qui...
- Qui veut dormir tranquille, c'est ça ?

Nina se décompose à vue d'œil. Elle sait qu'elle n'aura pas mon réconfort, ni mon soutien. Elle a fait une bêtise, elle en assume les conséquences. Mon rôle, c'est aussi de veiller à son éducation.

LES ENFANTS
ONT BESOIN
DE REPÈRES,
MAIS ILS ONT
SURTOUT BESOIN
D'HEUREUX
PÈRES.

17 avril

Aujourd'hui, c'est Pâques et qui dit Pâques, dit chasse aux œufs dans l'appartement. J'ai prévu de me réveiller plus tôt pour aller disséminer les petites poules et autres lapins en chocolat que nous avons achetés avec Isa. Hugo, dans son lit, geint déjà et risque de réveiller Nina.

J'attrape donc mon asticot et l'emmène se tortiller sur le canapé pendant que je cache les œufs. Je le cale comme un grand dans les coussins et continue ma mission. Soudain, Hugo en se balançant d'avant en arrière part, tête la première, sur le parquet.

Ding, Dang, Dong. Il est sonné et une belle bosse commence à s'arrondir sur son front. Hugo hurle et Isa débarque dans la seconde avec sa pommade à l'arnica.

Ce remue-ménage réveille Nina qui en profite pour ramasser tous les trésors chocolatés sous les yeux impuissants d'Hugo le bossu. Je me fais sonner les cloches par Esmeralda qui réconforte son petit Quasimodo dans ses bras. Je comprends qu'aujourd'hui, ils ont décidé de me casser les œufs.

19 avril

Paulo, qui est abonné à une revue scientifique, m'a dit autour d'une mousse que l'eau représente 75 % du poids d'un nourrisson. Je le crois sur parole, car, chaque jour, j'en ai la preuve. Hugo est un pisseur de première, prêt à détrôner n'importe quel buveur de bière. Ce môme, dès qu'il a le zizi à l'air, ne peut s'empêcher d'arroser tout ce qui est à sa portée. Et ça a même l'air de l'amuser.

Depuis le dernier bain que je lui ai donné, je me méfie et laisse volontiers Isa s'en occuper. Quand, ce matin, je la vois débarquer avec son chemisier tout mouillé, je comprends qu'Hugo a une nouvelle fois marqué son territoire. Et j'avoue, qu'intérieurement, ça me bien fait marrer.

22 avril

Isa a replongé dans l'arène avec ses petits fauves. Le retour dans la savane l'a épuisée et elle profite donc du samedi matin pour se pavaner avec Hugo sous la couette.

Moi, j'emmène Nina, ma lionne, dans le plus grand zoo de la ville : le supermarché. Au programme, chasse aux troupeaux de nouilles et traque de steaks hachés.

Je confie à Nina plusieurs expéditions, qui la conduisent parfois aux confins des rayons. Elle en revient courageuse jusqu'à notre chariot 4X4 avec ses trophées en main : boîtes de petits pois, paquet de couches, dentifrice à la fraise.

Je l'envoie courser une meute de beurre et j'en profite pour me cacher derrière une tête de gondole. Je l'observe fouiller dans les vitrines réfrigérées, puis revenir à grande hâte vers le point de rencontre.

Sauf, qu'entretemps, j'ai changé de place. Je prends un malin plaisir à jouer à cache-cache avec ses nerfs. Nina semble toute perdue dans ces longues allées identiques, prisonnière d'un labyrinthe alimentaire dont elle est maintenant la proie. Je peux

...

sentir sa détresse animale. Tapi derrière un mur de conserves, je savoure le moment. Soudain, un jingle de la jungle me ramène à la raison.

- La petite Nina attend son papa en caisse centrale...

En arrivant, je sens que j'ai été trop loin et je joue le père affolé devant la caissière débonnaire qui tente de consoler Nina.

- Où étais-tu ma chérie ? Je t'ai cherché partout !

Nina brandit haut et fort sa plaquette de beurre et s'abandonne épuisée, dans mes bras. Je l'embrasse tendrement et la félicite pour sa témérité.

- Tiens ma belle ! lui dis-je en sortant un bonbon de ma poche, tu l'as bien mérité !

PAPA...
PAPA...
PAPAAA !!!

29 avril

Puisque je suis un père indigne, j'ai refusé d'aller chercher Nina à la sortie de l'école samedi matin. Il est hors de question que je me retrouve nez-à-nez avec les mamans qui doivent déjà s'être passé le mot. J'espère seulement qu'Isa n'a toujours pas eu vent de ma réputation.

À son retour, elle fait la tête, non pas à cause de son époux, mais en raison des poux qui infestent celle de Nina. Maintenant, plutôt que de se pouiller, on va s'épouiller et peut-être que, comme chez les singes, cela assurera la cohésion de notre groupe. On peut toujours rêver.

Isa est contre les produits chimiques anti-poux vendus en pharmacie, et ça m'arrange bien, car je ne me sens pas d'attaque d'y retourner. Elle ne jure que par le naturel ! Elle se souvient d'une bonne recette de grand-mère qui a fait ses preuves sur sa longue chevelure d'enfant.

Il suffit de mettre une cuillerée de vinaigre dans un verre d'eau, d'appliquer sur les cheveux, de laisser agir 10 minutes, puis avec un peigne très fin, de décoller les poux et les lentes les plus tenaces.

...

Les cheveux fins de Nina nous facilitent la tâche et la récolte est excellente : les rares survivants craquent sous mes ongles. Je vais chercher ma loupe de bureau pour observer les parasites et les montrer, très pédagogue, à Nina.

Comme elle ne les voit pas très bien, j'affiche sur mon ordinateur l'image d'un pou XXXL et Nina fait des cauchemars toute la nuit. Il ne faut pas tout montrer aux enfants.

30 avril

Nos séances d'épouillage nous ont rapprochés. Et les longues caresses des cheveux d'Isa avec mon peigne à poux m'ont émoustillé. Mais Isa a une sainte horreur de faire l'amour dans la journée, trop effrayée à l'idée d'être prise sur le fait.

Nina regarde la télé et Hugo écrase comme un bienheureux. J'ai entraîné Isa dans la salle de bains et fermé la porte à double tours. À son retour de couches, elle s'est fait poser un stérilet, moins contraignant que les pilules qu'elle a une fâcheuse tendance à oublier. La naissance aussi rapide qu'imprévue de Nina en est la preuve accablante.

Isa s'est lentement abandonnée dans mes bras et nous avons réussi à faire l'amour sans bruit, sans vague, ni ressacs. Quand nous sortons, pas vu, pas pris, Nina est toujours absorbée par son documentaire animalier. La voix-off du commentateur nous scotche à l'écran.

- Alors que la plupart des chimpanzés se limitent à quelques positions, les bonobos semblent connaître le Kamasutra sur le bout des doigts...

...

À l'image, les bonobos s'en donnent à cœur joie et cela ne semble pas perturber Nina plus que ça. Isa est toute gênée. Nina nous regarde et nous avoue soudain un truc auquel nous n'avons jamais fait attention, ni même imaginé.

- Bah Youki, il fait ça aussi sur ma jambe, quand je joue avec lui !

Nous sommes sur le cul, terrassés par cet aveu. Et dire que nous allons passer le week-end du 8 mai chez mes parents. Youki va avoir droit à une séance spéciale de dressage.

6 mai

Malgré les révélations de Nina dans l'affaire « Youki Leaks », nous avons décidé d'aller nous faire cocooner chez mes parents, car question budget, on est vraiment ric-rac pour envisager autre chose.

En arrivant, nous déballons toute l'histoire et Youki passe le week-end enfermé dans le garage, avec interdiction de visite. Nina trouve ça méchant de notre part. Mes parents, en voyant nos têtes de déterrés, sont trop choux et nous proposent de prendre Hugo dans leur chambre la première nuit, pour que l'on puisse faire la grasse matinée.

Ma mère s'occupera de tout. Isa n'est pas très chaude, toujours un peu inquiète pour son petit. Moi, je dis oui illico, et installe le lit parapluie dans leur chambre.

Isa ouvre un œil à 6 h 15 en entendant ma mère aller et venir dans la chambre mitoyenne avec Hugo braillant dans les bras. Mon père, avec sa grosse voix, revisite les paroles de « *Dodo l'enfant Do* », en priant qu'Hugo se rendorme bientôt. Il m'a maintenant mis l'air dans la tête.

...

J'empêche Isa de se lever, mais maman ourse m'éloigne avec sa grosse patte. Je m'étale dans le lit en la regardant aller prêter main-forte à mes parents. Quant à moi, je fais un gros dodo jusqu'à midi. C'est bon d'être en week-end.

7 mai

Aujourd'hui, tous au vert ! Nous allons chez les Lefermier, de bons amis de mes parents. Nina, qui adore les animaux, va être gâtée. Ils ont des poules, des canards, des oies, des lapins, une petite basse-cour qui va l'occuper un bon moment.

Isa, qui a eu la bonne idée de mettre ses nouvelles bottines en daim, regarde partout où elle marche. Hugo, dans ses bras, ouvre de grands yeux en voyant galoper les volatiles. Il a aussi aperçu la mare et rêve d'aller clapoter dans cette grande baignoire. Nina est devant les clapiers et caresse à travers le grillage le doux pelage d'un lapin bélier.

- Il te plaît celui-là ? lui demande Monsieur Lefermier.
- Oh oui, il est trop mimi !

Il ouvre alors la cage et l'en extrait par la peau du cou. Le lapin, soumis, baisse alors ses longues oreilles et se laisse caresser par Nina. Monsieur Lefermier l'arrache soudain aux guili-guili et l'embarque avec lui.

- Mado va le préparer pour toi ma chérie, tu veux voir comment on lui retire son pyjama ?

Nina ne semble pas bien comprendre et je

...

détourne son attention en lui montrant Isa et Hugo qui regardent les colverts s'ébattre dans la mare.

- Le premier arrivé jusqu'à Maman a gagné !

Nina part comme une flèche et je me laisse distancer pour la forme. Nina traverse la cour à bout de souffle et glisse à deux pas de l'arrivée sur l'herbe arrosée par les fientes des palmipèdes. Plouf. Elle se retrouve dans la grand-mare des canards, heureusement peu profonde. Je la sors à bout de bras et l'essore contre moi.

- Mon pauvre lapin !

Nous rejoignons bien vite la demeure des Lefermier, où Mado déshabille le lapin. Nina, dégoulinante, assiste impuissante au strip-tease.

- Allez, déshabille-toi et va vite prendre une douche !

Nina part en courant et s'enferme dans la salle de bains. Elle n'a jamais voulu venir manger et nous a gâché notre délicieux lapin à la moutarde. Parfois, les moutards me montent au nez !

9 mai

Nina est pénible en ce moment, elle veut maintenant que l'on adopte un chien. Avec ce qui s'est passé avec Youki, autant mettre un loup dans la bergerie. Je refuse tout net, m'imaginant déjà soirs et matins promener Médor et ramasser ses crottes avec mon petit sac en plastique. Pas question ! Pour l'asticoter un peu, je lui propose une alternative.

- Tu ne préfères pas un lapin ?
- Tu es horrible Papa, tu n'as pas de cœur !
- C'est faux, on t'a bien adopté avec Maman !

Isa, stupéfaite d'entendre ça, me sermonne dans la seconde.

- Mais t'es idiot de vouloir lui faire croire ça !

Nina se réfugie dans ses bras et me cloue le bec aussi sec.

- Eh bah, tu vois, j'espère que c'est pas toi mon père !

Paf. Retour à l'envoyeur. Bien fait pour moi. Et bizarrement, je repense à ce que mes potos me disaient pour me chambrer quand ils ont appris ma paternité : « Maman sûr, Papa peut-être ». Et maintenant, comme un nigaud, je doute.

10 mai

Pour me faire pardonner, j'achète à Nina, avec le consentement d'Isa, une console portable avec le jeu Doggy. C'est top, on peut choyer, dresser, éduquer n'importe quel chien, sans avoir tous les inconvénients au quotidien.

Nina s'est entichée d'un gros Saint-Bernard, qu'elle a affublé d'un joli ruban rose à la place du tonnelet de schnaps. Il a une sacrée touche, le pauvre vieux.

- Regarde Papa, c'est ton portrait tout crache !

Merci pour la comparaison. Isa et Nina sont mortes de rire. En fait, ce n'est peut-être pas une si bonne idée cette console.

17 mai

C'est difficile de travailler à la maison, de se concentrer, quand tout le quotidien est rythmé par bébé. J'ai donc décidé d'embarquer mon ordinateur portable et de profiter des terrasses ensoleillées du joli mois de mai pour écrire mes sujets.

Isa dit que je me défile, que je ne l'aide pas assez, que je ne pense qu'à moi... bref, les reproches habituels. Je lui promets d'aller chercher Nina au centre de loisirs à sa place.

Je passe donc tout l'après-midi derrière mes lunettes de soleil à écrire au compte-gouttes et à enchaîner avec panache les panachés. Je suis du regard les passantes comme une balle sur un court de tennis. C'est passionnant. Sauf que le match dure plus longtemps que prévu et que j'oublie d'aller récupérer Nina.

Quand mon téléphone sonne, je sais déjà qu'Isa est à l'autre bout de la ligne prête à charger. Je me prends un troupeau de buffles dans les oreilles, je suis soi-disant un mufle !

18 mai

Mufle : personne grossière qui agit sans délicatesse.
Je rumine cette info un instant, mais je ne me reconnais pas du tout dans ce portrait. Je suis aimant avec Isa, prévenant avec mes enfants, conciliant avec mes beaux-parents, et je fais toujours des efforts pour être présent sans être pesant. Pourtant, Isa n'a de cesse que de me traiter de gros lourd. Pas facile de comprendre la gent féminine.

26 mai

Ce soir, Isa rentre en pleurs de chez Maria. Hugo ne veut pas retourner avec elle et se débat dans ses bras quand elle le prend. On a eu la même guéguerre avec Nina. Quand on allait la chercher chez Madame Amel, elle se réfugiait dans sa poitrine et ne voulait pas repartir avec nous. C'est toujours sympa comme accueil, surtout quand on attend avec impatience ce moment de retrouvailles.

En bon samaritain, je tente de rassurer Isa, lui disant qu'il faut bien que jeunesse se passe. Pour signer l'armistice, elle me colle Hugo dans les pattes. Il pèse le poids d'un âne mort. J'ai compris le message.

Dans la chambre, je demande à Nina si elle a envie d'apprendre à changer son petit frère. Elle saute de joie et m'épaule dans cette mission délicate. Dans quelque temps, elle sera complètement autonome.

UNE COMMÈRE
EST-ELLE
COMME
UNE MÈRE ?

2 juin

Au petit déjeuner, Nina me pose une question existentielle autrement plus compliquée que la fameuse interrogation enfantine : « Comment on fait les bébés ? ».

- Papa, tu préfères qui entre Hugo et moi ? Et tu n'as droit qu'à une seule réponse !

Je réfléchis, les regardant tour à tour, Hugo dans sa chaise haute, tétouillant son biberon baveux, et Nina avec ses lèvres maquillées de chocolat chaud.

- Je préfère Hugo ! Car j'ai horreur des petites filles à moustaches !

Nina renverse son bol et file se plaindre à Isa qui s'apprête à partir. Elles se liguent aussitôt contre moi et mon humour matinal est balayé aussi sec. Je passe une nouvelle fois l'éponge et j'adresse un clin d'œil complice à Hugo.

3 juin

Isa est un peu tristounette en cette fin d'année scolaire. Elle est épuisée et a bien besoin de vacances pour lâcher prise. Pour lui remonter le moral, je décide de lui acheter un petit cadeau. J'erre dans la rue commerçante à la recherche d'une idée.

Des fleurs ? Non, c'est périssable. Des bonbons ? Hum c'est tellement bon, mais moins présentable. De la lingerie ? Non, je ne connais plus sa taille. En passant devant la vitrine d'une bijouterie, j'arrête mon choix sur un bijou avec un joli caillou.

La vendeuse me tend le collier argenté qui brille de mille feux. Isa va adorer. Je débourse l'équivalent d'un vinyle collector et sors de la bijouterie avec mon petit paquet.

Isa m'attend de pied ferme. J'ai oublié que nous devions faire les courses ensemble ce matin.

- Tu étais où ? me demande-elle un brin énervée.

Je lui tends alors mon petit paquet en guise de réponse. Isa se fige puis se détend enfin. Elle ouvre mon cadeau puis grand ses bras. Elle m'enlace et m'embrasse tendrement.

...

Un bijou pour un bisou, je ne sais pas si je gagne au change, mais en tout cas, Isa est heureuse, rayonnante comme avant. Elle en vient même à me susurrer mon petit surnom d'antan.

- Tu es trop chou mon chouchou !

L'amour, c'est bon pour la mémoire.

17 juin

Pour la fin d'année, la maîtresse de Nina a organisé un grand spectacle avec les enfants. Cela tombe évidemment le même jour que la kermesse d'Isa.

J'ai promis à Nina de venir voir son spectacle dans lequel elle joue un papillon qui se transforme, et c'est ça la surprise, en princesse à la fin du conte. Me voilà donc installé dans la salle commune parmi les parents d'élèves qui s'éventent avec le programme des festivités.

Derrière les deux grands draps blancs éclairés à contre-jour, on devine les silhouettes qui s'agitent comme des puces, la tension est à son comble. Soudain, le son strident d'une flûte à bec nous emporte dans un monde magique tandis que le rideau dévoile nos enfants déguisés.

Les parents armés de leur téléphone portable balayent la troupe à la recherche de leur star. Derrière leurs masques colorés et leurs fragiles costumes de crépon, les enfants tournoient comme un essaim d'abeilles. Je repère tout de suite le papillon majestueux qui a le premier rôle. Je cadre toutes mes photos sur la vedette, ignorant

...

les larves qui se traînent à ses pieds.
Je suis fier de ma Nina, qui, sous son masque et ses antennes doit avoir sacrément chaud. Le clou du spectacle arrive, le papillon replie ses ailes, et fait tomber son costume, révélant comme prévu, une magnifique princesse.

À ma grande surprise, ce n'est pas Nina, mais Agathe, sa rivale. Une vague d'applaudissements submerge la scène et les enfants nagent avec le courant vers leurs parents. Nina est encore dans sa chrysalide verdâtre quand elle me rejoint.

- Tu m'as pris en photo papa, me demande-t-elle, hors d'haleine.
- Bien sûr, ma chérie, lui dis-je en cherchant mon téléphone. Bon sang, où est-il ?

Je fais signe de le chercher partout, à quatre pattes dans les allées. Je prends alors une tête de circonstances.

- J'ai perdu mon téléphone ! lui dis-je. Mais le plus important, c'est que je t'ai vue, tu étais superbe ma puce !

18 juin

Aujourd'hui, c'est la fête des Pères et je sens que Nina va m'offrir un vide-poche en plâtre alors que les miennes sont toujours vides. Perdu ! J'ai droit à une longue cravate en tissu, sorte de patchwork improbable. Hugo m'a offert un joli gribouillis. Quel bonheur d'être Papa !

Isa, avec son air embarrassé, a les mains cachées dans son dos. Un cadeau pour moi, sans doute. Elle m'annonce tout de go qu'elle a une bonne et une mauvaise nouvelle. Je souhaite évidemment évacuer la mauvaise en premier.

- J'ai eu un petit souci avec mon stérilet.

Je l'écoute sans trop comprendre en quoi son dispositif intra-utérin me concerne à la fin.

- Mais la bonne nouvelle, c'est que je suis enceinte !

Elle me tend son test de grossesse positif et me saute dans les bras. Super la fête des Pères : j'ai une cravate de Polichinelle, et maintenant j'apprends qu'Isa en a un dans le tiroir ! Ça commence à faire beaucoup cette *Comedia dell'arte*, il faut vite arrêter

...

les frais ! Isa me serre très fort et me murmure tout bas.

- Comme je suis heureuse, Fred !

J'ai comme un sentiment de déjà-vu, de déjà entendu. Ensuite, d'après Isa, je me suis évanoui.

FRED...
FRED !!!

20 juin

La pilule a du mal à passer. Isa est rayonnante, aux petits soins avec moi. Je vais de nouveau être papa. Et je suis encore sous le choc.

Je titube jusqu'à ma bibliothèque et sors mon journal intime. Cela fait un an, quasiment jour pour jour, que j'y note au petit bonheur malchance, mes humeurs, mes coups de cœur, mes rancœurs. Je me demande s'il y a maintenant prescription de tous mes manquements, mes écarts, mes erreurs.

Qu'importe, demain, Hugo soufflera sa première bougie et surtout ça sera la fête de la musique... et mes potes seront là pour arroser cette incroyable nouvelle avec moi. La soirée va être rock'n'roll !

HAPPY
END

MA PLAYLIST

1. *Satisfaction* -
The Rolling Stones

2. *I've Got the Blues* -
The Rolling Stones

3. *2000 light years from home* -
The Rolling Stones

4. *One bourbon, one scotch, one beer* -
John Lee Hooker

5. *Happy Birthday* -
Stevie Wonder

6. *Changes* -
David Bowie

7. *Heroes* -
David Bowie

8. *Donne du rhum à ton homme* -
Georges Moustaki

9. *La mauvaise réputation* -
Georges Brassens

10. *All apologies* -
Nirvana